# 智慧带班

## 巧解38个带班问题

沈　娟　王丽平　戴燕妮　著

江西教育出版社
JIANGXI EDUCATION PUBLISHING HOUSE
·南昌·

赣版权登字-02-2023-005


图书在版编目（CIP）数据

智慧带班：巧解38个带班问题 / 沈娟，王丽平，戴燕妮著. -- 南昌：江西教育出版社，2023.4（2023.12 重印）
（组块教学 / 成尚荣主编. 智慧教师研修书系）
ISBN 978-7-5705-2923-0

Ⅰ. ①智… Ⅱ. ①沈… ②王… ③戴… Ⅲ. ①班主任工作－研究 Ⅳ. ①G451.6

中国国家版本馆CIP数据核字（2023）第014663号

智慧带班——巧解 38 个带班问题
ZHIHUI DAIBAN —— QIAOJIE 38 GE DAIBAN WENTI
沈 娟 王丽平 戴燕妮 著

江西教育出版社出版
（南昌市学府大道 299 号 邮编：330038）

出 品 人：熊 炽
责任编辑：苏晓丽

各地新华书店经销
江西赣版印务有限公司印刷
700 毫米 ×1000 毫米 16 开本 14.25 印张 200 千字
2023 年 4 月第 1 版 2023 年 12 月第 2 次印刷

ISBN 978-7-5705-2923-0
定价：48.00 元

赣教版图书如有印装质量问题，请向我社调换 电话：0791-86710427
总编室电话：0791-86705643 编辑部电话：0791-86708350
投稿邮箱：JXJYCBS@163.com 网址：http://www.jxeph.com

# 推开门后的新发现

## ——为“组块教学·智慧教师研修书系”而作

今天清晨，降温了，很舒适，我的心情颇好。坐在窗前的书桌旁，我翻阅苏州吴江盛泽实验小学（以下简称“盛泽实小”）的书稿——“组块教学·智慧教师研修书系”，心情甚好。在舒适外，还有很多的惊喜，像是吹来一阵阵凉风，送来一股股清新的空气。读着书稿，似乎我也增长了一些智慧，因为智慧是对情境的认知、辨别和顿悟。而盛泽实小的教师研修书系，本身就是一种情境，这一情境特别真实、丰富和生动。

还有另一种感觉，那就是读盛泽实小的教师研修书系，像是推开了一扇门。尽管我不知多少次走进过盛泽实小的校门，但是，这次感受不同。书系这扇门，更宽敞，更明亮，更宏大，也更灿烂。这扇门是文化之门、思想之门、智慧之门，它虽是抽象的，却也是丰富的，因为它把日常所有的生活都凝结在一起，折射出盛泽实小教师们的情怀、哲思，以及在他们耕耘着的田野上飘逸着的文化。这扇门是开放的，却也是需要推开的。轻轻推开，才会在一刹那有了新的发现与感悟。原来，推开门就是打开边际，才能听到“边际”上的对话，触及学校的“内在秩序”，感受“在一起”的力量。盛泽实小的书系又一次唤醒了我的耳朵，让我倾听那美妙的旋律。

不妨把盛泽实小教师研修书系看作教师的“人间词话”。于是，王国维所辑词话的三重境界浮现在我的眼前：“昨夜西风凋碧树。独上高楼，望尽天涯路。”“衣带渐宽终不悔，为伊消得人憔悴。”“众里寻他千百度，蓦然回首，那人却在灯火阑珊处。”盛泽实小已用书系搭建了这三重境界的阶梯，向着那境界攀升，书系正是这三重境界的真实写照。在这个时代，我们的教师、我们的学校需要有自己的“词话”。

推开门，首先看到的是校长薛法根，因为他总是站在“校门口”——学校的前端和高处。说到盛泽实小，薛法根是一个绕不过的人，因为有了薛法根，才有了今天的盛泽实小，才有了这一书系。站在校门口，我最想说的一句老话是：一个好校长可以成就一所好学校。的确，历史与现实不止一次地证明：一个好校长之好，在于他和教师一起创造了学校的文化，恰恰是文化上的进步，才使学校迈向自由的境界；好校长之好，还在于他让教师成为创造者，而教师又去创造课程、创造教学、创造学校、“创造”学生。薛法根的确是一个好校长，他是伟大的。帕克·帕尔默说：“伟大的事物，不在别的，而在于主体，在于自己。”薛法根用他所坚守的智慧教育理念建构了学校的核心主张，用他所坚守的语文组块教学指引了学校的课程改革、教学改革。“组块”已成为结构、关联、融通、跨界学习的代名词，成为学校课改、教改的核心理念。依我看，薛法根用自己的情怀，用自己的智慧，用自己的行动，诠释并践行了“教师第一”的理念与思想。薛法根是好校长，是名校长，是智者，我们应该向他致敬。

推开门，还应该说点“新话”。“新话”是教师在书系里的所思所言，彰显的是教师发展的理念和主张。其实这些“新话”都是在老话中生长出来的。

“组块教学·智慧教师研修书系”告诉我们，首先，教师发展源自生命，教师发展是为了丰盈生命，提升生命的价值与意义。教师发展的“第一动力”应是内生力，是生命的创造力。丰盈的生命和心灵，激发教育的新发展和真学问的出现。该书系为教师开辟了一条新路，那就是视野要广，格局要大，格调要高，境界要高。王国维说：“有境界则自成高格。”换个角度看，生命力源自对价值的认知、澄清与选择，用书里的话来说，就是要寻找自己的边际，建构自己的价值坐标，让价值照耀自己的天空。

其次，教师发展源自宗旨，宗旨犹如人生和教学的指南针。教师离不开学科，离不开教学，学科教学是教师发展的基地，甚至可以说是教师发展的摇篮。盛泽实小的教师非常清楚，发展自己、提升自己，是为了学生，并且要与学生共同成长；而学科的宗旨是育人，学科育人、教学育人是教学的指南针，也是教改的准绳。这一宗旨催生了教师的使命感。盛泽实小的教师对学科育人有自己的理解，那就是要明晰教学的“内在秩序”，教改的深意在于重建学科教学的“内在秩序”。指南针也好，准绳也罢，使命也好，“内在秩序”也罢，盛泽实小有自己独特的表达——组块教学，以及由组块教学所引发的联结性教学。他们已基本上寻找到学科育人的校本化实现方式，正是在这样的过程中，教师的发展得以优化。

再次，教师发展的深度源自研究、实验与提炼。这一书系让我特别有感触的是，每一本书都有一定的深度，理性思考的水平明显提升。深度从何而来？书系告诉我们，其一，要坚守实践。永远不离开“田野”，永远扎根于大地，从丰厚的实践土壤里汲取营养和力量。其二，要研究。“笔尖下的教育生活”要研究，多觉联动音乐教学要实验，综合实践活动也需要探索。有研究，才会有深层次的思考。在盛泽实小，研究已成为教师学习、工作的方式，这真是难能可贵。其三，要总结、概括、提炼。从经验感悟走向理性思考，从实践走向理论，从散状走向结构，走向体系建构。他们注重在感性的基础上加以梳理、概括和提炼，概括是有序、有效的，提炼是有深度和力度的。这一书系就是一个极好的典型。值得注意的是，盛泽实小的教师从不同角度去认识、剖析“伙伴与伙伴德育”，尤其是对道德学习、对话世界做了有深度的提炼，研究性、学术性明显加强。与此同时，他们探索了伙伴德育的不同途径和方式，发现了“在一起”的力量。这一研究前景很好。

最后，表达方式上的多样化，使书系显得亲切、丰富，阅读时犹如与作者促膝谈心，又犹如聆听一次倾诉。美国伦理学家麦金太尔说：“人在他的虚构中，也在他的行为和实践中，本质上都是一个说故事的动物。”而赵汀阳认为，文化就是一个故事。读着书系里的故事，一个个活生生的有内涵的教师站在我面前，故事里透射出来的哲思，令我感动！向盛泽实小的教师致敬！

“新话”是创新、创造后的言说，言说源自心灵的感悟。美丽的心灵，带来推开门后的一片风景、一片思想的丛林、一片更加美好的开阔地。我最想说的是：盛泽实小，你好！

成尚荣

2019 年 9 月 19 日

# 目　录

第一章　班主任的日常事务　001
问题 1　如何做好学生晨间入校后的管理？　002
问题 2　如何做好课间管理？　007
问题 3　班级课堂纪律差怎么办？　012
问题 4　我的午餐我做主？　018
问题 5　放学了，如何纠正学生的磨蹭习惯？　024
问题 6　值日工作如何指导更高效？　027

第二章　班干部的选拔与培养　033
问题 1　新任班主任如何进行班干部的选拔与培养？　033
问题 2　如何让班干部真正地在班级管理中发挥职能作用，成为班主任的“左膀右臂”？　042
问题 3　高年级学生不愿当班干部，班主任该怎么办？　048
问题 4　班主任与班干部队伍应建立怎样的关系？怎样合作做好班级管理工作？　053

第三章　班规的制定与实施　　060
问题 1　班级中制定的班规可以“复制”吗？又该如何制定呢？　　060
问题 2　在具体的班规执行过程中，班主任如何让班规真正“落地”执行，发挥作用？　　067
问题 3　如何给班规“保鲜”？　　072
问题 4　班主任该如何让班规得到所有任课老师的支持呢？　　077

第四章　班级环境的设计与实施　　085
问题 1　如何合理布置班级图书角，实现资源共享？　　086
问题 2　如何让被学生忽略的黑板报成为育人的阵地？　　091
问题 3　如何让班级绿化角成为育人的平台？　　097
问题 4　如何利用班级育人阵地给学生传递正能量？　　103
问题 5　如何系统性思考班级环境建设，增强班级凝聚力？　　109

第五章　班级活动的创意与组织　　115
问题 1　如何让 10 分钟晨会有趣又有效？　　115
问题 2　如何让主题班会活动更具教育性？　　121
问题 3　如何有效组织学生参加学校集体活动？　　126
问题 4　如何组织学生参加集体外出活动？　　131
问题 5　如何利用各种资源助力班级活动？　　135

第六章　班级关系的稳定与协调　141
问题 1　家长与家长之间出现问题，班主任如何协调？　142
问题 2　家长对学校办学理念认知有偏差，班主任如何纠正？　148
问题 3　家长与学校和老师沟通缺乏主动性，班主任如何引导？　154
问题 4　班主任如何协调学生和任课老师的矛盾？　160
问题 5　班主任如何引导学生之间的伙伴交往？　166
问题 6　班主任如何处理与班辅导员之间的任务分配？　173

第七章　突发事件的应对与处理　180
问题 1　上课时的生生冲突如何处理？　180
问题 2　上课时的师生冲突如何处理？　185
问题 3　课间的突发意外伤害事件如何处理？　190
问题 4　家长和老师间的冲突如何处理？　195
问题 5　放学后的突发情况该如何处理？　199

第八章　班主任的研究与表达　206
问题 1　班主任如何“破”阅读“瓶颈”？　206
问题 2　班主任如何做课题研究？　210
问题 3　班主任如何写作？　214

# 第一章　班主任的日常事务

班主任的日常事务非常琐碎，但每一样又是那么重要，不容忽视。班主任的日常管理对于学生的成长发展、行为习惯的养成具有非常重要的作用。小学生正处于品格不断上升发展的阶段，可以说处于人生成长的奠基期。从入学开始，他们的模仿性、可塑性在不断增强，他们的行为习惯不断得到培养，品格不断得到提升，这些改变都离不开班主任的指导，可见班主任的日常管理的价值和意义是非凡的。

班主任承担的日常事务中最基础的就是班级的常规管理，如学生早上到校后该做些什么、班主任怎么组织晨会、如何有效地做好“两操”管理、如何做好课间安全工作；还有学生的午餐、放学、值日管理等细化到学生一天在校的方方面面。《教育部关于进一步加强中小学班主任工作的意见》指出，班主任要做好班级的管理工作，并对做好班级管理工作提出了具体要求。做好班级管理工作是做好班级其他工作的前提和基础，也是保证良好教育教学秩序的需要。

班主任的日常事务，首先是对学生的管理，也就是平时所说的班级管理、一日常规，所有学生行为习惯的养成、学生的思想教育工作都是在班级管理工作中落实的。本书中所说的班主任的日常事务主要针对班级学生的一日常规管理，包括晨间安排、课间管理、课堂纪律、午餐、放学、值日工作。

## 问题 1 如何做好学生晨间入校后的管理?

学生早上从进教室到早读课开始有一段空白期。有的同学很早就到了，此时可能任课老师还没来，没有老师在场，有的同学跑来跑去，有的同学讲话聊天，教室俨然成了一个玩乐场，同时也存在很多安全隐患。晨间是一天中最美好的一段时光，如果就这样任凭学生在嬉闹中度过，实在可惜。班主任要将这段时间合理利用起来，让学生在安全、有序的状态中开启一天的学习生活。

### 问题情境

**晨间的黔驴技穷**

9 月，苏老师怀揣着梦想踏上了教师的岗位，接手了一个二年级的班级。这天早上，苏老师来得比较早，7：40 就已经到了办公室，想着还有 10 分钟早读就开始了，要不先去教室里看看同学们在干什么。

苏老师拿着课本离开办公室，路过其他班，发现虽然教室里没有老师，但大部分同学都在认真地阅读，有的在看课外书，有的在看语文书，有的在默背英语单词。个别交作业的同学也快速地把作业本放到组长的课桌上，然后安静地回座位看书。苏老师默默地为他们点了个赞，安静的气氛让苏老师的心情十分愉悦。

离自己班越来越近了，从教室里传出来的声音越来越大，怎么回事呢？苏老师快速走到教室门口，居然没有一名同学发现老师来了。有几名同学围在一起，正兴高采烈地谈论着什么；教室后面有 3 名男同学正追着跑，几名同学在一旁起哄；还有几名同学坐在座位上东张西望、无所事事；只有一名同学在安静地看课外书。苏老师看着眼前这一幅景象，火气“噌”的一下就上来了。同年级其他班级安静得连根绣花针掉地上都能听见，自己班简直能用鸡飞狗跳来形容，这差别太明显了。她生气地走到讲台前，将课本“啪”的一声朝讲台砸去，同学们都被吓了一跳，瞬间安静下来，离开座位的同学也悄悄地跑回自己的座位。“你们在干什么？这么早来学校就是来玩的吗？怎么就不学学其他班级？人家一早上过来就知道认真阅读，你们怎么就知道玩呢？明天早上早来的同学记得要安静看书，不要再玩了……”苏老师在讲台上唠唠叨叨了半天，好好地表扬了其他班级的同学，特别严厉地批评了自己班刚才跑来跑去的几名同学。早上就在批评声中度过，同学们一整天的心情都特别低落。

第二天，苏老师特地早早地去了学校，想看看自己班晨间的纪律有没有好点。本想着经过昨天那样一顿批评，同学们该老实了，不会再闹腾了，谁知还没到教室门口，就听见声音不断地传出来。苏老师快速走到教室门口，发现昨天那几个吵闹的同学今天依然我行我素。苏老师只得在教室里坐下，在讲台上批改起了作业，可是过了一会儿，交头接耳、嘻嘻哈哈的声音又出现了……苏老师很苦恼。“一日之计在于晨”，孩子们浪费掉这段时间真的很可惜。她该怎么办呢？

**情境分析**

## 三“不”：晨间之羁绊

因为一次早进班，苏老师发现自己的班级从学生入校进班到早读课的这段时间，教室里一直是乱糟糟的，虽然之后她加大了监管力度，但是效果并不是很理想。究其原因，有以下3点：

### 一、规则培养意识不强

小学阶段是学生行为习惯的养成阶段，许多良好的习惯、美好的品格都是在这个阶段形成的。苏老师作为一名班主任，却没有这样的意识和觉悟。虽然从学生入校进班到早读课的这段时间，有的学校可能没有明确规定老师要进班、学生要做些什么，但是作为一名班主任，她应该考虑到学生从踏进班级那一刻开始就该有的行为和规范。比如，学生可以上交作业、可以和同学见面问好、可以安静地阅读，但不能随意聊天、吵闹。“一日之计在于晨”，不能白白浪费晨间这一段美好的时光。

**二、晨间规则未能确定**

苏老师除了对学生的规则培养意识不强之外，还没有给学生制定明确的规则，这表现在两个方面：一、在平时的常规管理中，没有明确告诉学生，如果教室里没有老师，应该干什么，不应该干什么，所以学生也就不知道在早晨这段时间要干什么。二、后来苏老师意识到了这个问题，也想去解决，但只是利用批评和老师的权威让学生安静下来，结果只要苏老师不在，学生依旧吵闹。早读课前这段时间的规则该如何确立呢？苏老师可以在发现问题后及时和学生一起制定规则，早上来校后先干什么后干什么，应该怎么做，如果没有做到会怎么样，这些都可以写进班规，要求学生一起去执行。当然，自由、有序、愉快的状态是最理想的。

**三、指导方法有待改进**

苏老师在发现问题后，自己坐在教室管理晨间纪律，但是进班后也没有进行具体的指导，只是自己批改作业。其实，这个时候苏老师就应该对学生进行指导，早上可以带些什么课外书来，怎么去读；交作业的时候该如何交……这些对于低年级的学生来说都需要进行指导，而且越细致效果越好。除此之外，苏老师也没有去想有没有更好的对策来改变这一现状，其他班级为什么在没有老师看管的情况下还能这么安静有序，除了规则是不是还有其他办法。对于这些，苏老师都应该去学习和探索，并且在班级里做有效的指导，帮助同学们培养良好的习惯。

**案例分享**

## 两招儿让晨间更有序

一天早晨，我刚进办公室，屁股还没坐到凳子上，一名学生便急匆匆地跑来跟我说："吴老师，有几个同学一早来就折纸飞机，纸飞机飞得教室满地都是！""什么？'一寸光阴一寸金，寸金难买寸光阴。'晨间这么好的时间不是用来浪费的啊！"于是，我便急匆匆地赶往教室。

一来到教室，我便发现教室里乱哄哄的，果真有几个男生在折纸飞机玩。

这是我今年刚接手的班级，虽然四年级了，但孩子们的自控能力仍比较弱，再加上一个暑假的玩乐，大部分孩子开学后有些懒散，每天早晨无声阅读期间的纪律更加难以维持……这可不行，我非得好好治治孩子们的这个毛病不可！于是，我清了清嗓子，大张旗鼓地表扬了几个在认真晨扫、认真无声阅读的孩子。“今天，吴老师感到欣慰的是，我们班的 ×× 同学记得早上 7：50 之前是无声阅读时间，在聚精会神地看书呢！我要表扬他！他可以获得争先卡一张。”要知道，争先卡可是跟孩子们学期末的金荷奖（三好学生）挂钩的。争先卡数目越多，获得金荷奖的可能性就越大。这下子，同学们纷纷拿出了自己的书阅读了起来。我又开始表扬起来：“×× 同学不仅拿出了课外书阅读，他的背也挺得直直的，一看就是在非常认真地阅读。我也要表扬他，他也可以获得一张争先卡！”榜样的作用就是那么的神奇。这一表扬，同学们原本佝偻的背都挺得直直的，心里暗暗地想着，接下来老师会不会表扬我……此时，我注意到几个刚才在折纸飞机玩的同学也安静了下来，开始了早上的无声阅读。

表扬，算是解决了暂时的吵闹，但是治标不治本。每天早上一到学校，我总会第一时间去教室看看。一开始，还是会发现有大片的孩子管不住自己，只有几个孩子在认真地无声阅读。于是，我利用晨会课的时间，在班级大张旗鼓地进行表扬，同时发放争先卡。过了几天，我发现能做到无声阅读的孩子多了几个，但效果还不是很明显。

要想标本兼治，还得从源头上解决问题。于是，我想到用学生自评、互评的方式来帮助学生晨间更好地无声阅读。我设计了一张晨间无声阅读纪律卡，上面有时间、阅读书目、页码、自评、互评等信息，要求学生每天对自己的无声阅读做星级评定，根据自己阅读的状态评 1 ~ 3 颗星。凡是赋星的同学，在晨会课还要接受其他同学的评价，如果有同学举证没有认真阅读且举证属实的话，那么自评星取消。如果其他同学没有异议，累计拿到 10 颗星，可以得到一张争先卡。很神奇，一段时间下来，我们班晨间无声阅读的纪律大大改善了，每个人都知道自己要做什么，赋星也很诚实，当然在晨间这段时间也收获了许多知识。

解决策略

## 安全有序，开启美好一天

早晨确实是一段非常宝贵的时间。在这一段时间进行背诵、阅读，学生的记忆力是最佳的。但是很多时候，班主任会发现学生从早晨进校后到正式早读开始的这段时间，没有班主任管理，没有班干部管理，有些早到校的学生无所事事、追逐打闹，在存在安全隐患的同时，也不利于学生养成良好的习惯，更是浪费了宝贵的时间。那这一段时间该如何管理？班主任可以采用下面 3 种方法。

### 一、直面问题，商量对策

面对早读前这段时间的无秩序、无纪律，班主任可以召开一个主题班会，大家就这个问题共同讨论，寻找解决方案。讨论会上，班主任可以将平时拍摄的学生这段时间无所事事的照片、视频展示出来；同时还可以附一些在这段时间出现的安全事故的数据，让学生明白在这段时间里任意吵闹是不合适的，并分组共同商讨如何来解决这个问题。班主任再适时引导强调“一日之计在于晨”的重要性，辅以一些名人晨读的故事，让学生达成到校阅读的共识。因为从早读开始，大家都要大声朗读，所以这段时间可以定义为无声阅读时间。大家到校后，交完作业，就可以拿出一本书安静地阅读，直至早读课开始。

### 二、轮岗管理，互相督促

与学生达成共识后，让学生独立执行，还是有一点难度的，毕竟很多时候，纪律和规则要反复抓。所以，在就规则达成共识后，班主任可以安排一名学生做好晨间无声阅读时段的管理，主要管理两方面，一方面确保学生无声阅读的纪律，另一方面是否在阅读课外书。在人选的安排上，尽量选择比较早到校并且具有一定管理能力的学生，当然这个管理的同学也可以进行轮岗，每人轮一周做好晨间无声阅读的管理工作。最初一周，建议班主任早点到校，指导管理员如何去管理，指导学生如何无声阅读，这样效果会更好。

### 三、推优竞先，行为养成

学生是需要不断被肯定和鼓励的，一开始推行时，这种鼓励更是少不了，班级可以先推选每周的无声阅读之星，从周星到月星，将当选学生的做法张贴到班级学习园地的明星栏中。这样更能激励学生不断养成良好的阅读习惯，同时也可以大大地减少早读前这段时间的安全隐患。

## 问题 2　如何做好课间管理？

课间是学生休息、调整，进入下一节课学习的过渡期，这段时间学生可以上厕所、喝水，也可以做安全的小游戏缓解学习的疲劳。但是真正下课时，我们看到的却是许多学生在奔跑追逐，吵闹声响彻整个校园；还有些学生无所事事，在走廊里乱晃……

下课时间也存在着许多安全隐患。课间，对于班主任来说，是个管理盲区。下课了，有很多班主任会留在教室批改作业、辅导学生，有的会回办公室休息或者做下一节课的准备。此时，学生在走廊、教室，很多安全事故就发生了。课间监管不容忽视，有效的策略可以为学生的课间安全保驾护航。

### 问题情境

#### 课间的心惊胆战

“老师，老师，我们班有人在楼梯上打起来了……”一个学生边跑边向苏老师喊道。此时正值下课时分，刚从班级走到办公室的苏老师连忙回转，跟学生前去看个究竟。只见小政同学坐在楼梯中间的台阶上，而小林同学正站在小政下方的台阶上拉他，两人如此僵持着。苏老师心一惊，跑到小政身边叫他们放手，并去教师办公室说明缘由。

刚到办公室，苏老师就开始了“连珠炮”：“你们知道刚才那样有多危险吗？万一摔下去了呢？你们真是让人担心……”在苏老师的盛怒之下，两个孩子谁也不敢多说什么，但在他们的脸上也看不到丝毫悔过之意。苏老师上岗第三年，大大小小的事情也处理了不少，今年带的是一年级的班，其他方面还好，就是课间问题一直让她头疼。她让自己平静下来，问道："你们刚才到底是怎么回事？" 他们还是不敢说什么，只有小林嘟囔着："我们又没干什么，只是在那里玩，真是多事，还打小报告……" 玩？苏老师连忙回忆他们刚才的状态，似乎看到了他们嘻嘻哈哈的笑脸。这时，她有些后悔了，自己竟不分青红皂白就好一顿批评，他们不愿交流也是正常的。苏老师看着他们低下的头，走到了小林身边，准备从他下手，因为他是一个特立独行的孩子，很有主见，不轻易听从别人的建议，但表达自己想法、与人交流却是他的"强项"。苏老师扶住他的肩膀轻轻地说："刚才老师看到你们站在楼梯上拉扯的画面，特别担心你们一个不小心出现意外状况，所以心急了，说了很多批评你们的话，现在老师静下心来才发现不知道事情的缘由。你能跟我说说当时发生了什么吗？" 他看着苏老师平静的眼睛说："其实我们刚才在楼梯上玩，我想去下面玩，就拉他，他不肯去，才僵持在那里的。" "是这样吗，小政？" 小政点了点头说："我想先去厕所，他没有听我的就拉着我了。" 哦，原来这才是"楼梯上打架"的真相，但那样危险的僵持也是不可取的啊。苏老师耐心地说："你们不知道，刚才你们的架势在别人看来确实像打架哦，而且非常危险，所以不要怪其他同学告诉我，也不要说别人打小报告，她可是为了你们好哦。" 他们似懂非懂地点点头。这时上课的时间到了，苏老师便让他们回去了。

苏老师原本以为这两个同学在接受教育之后，会知道课间玩闹的危险性，可是下课后，这两个孩子又跑到走廊上打打闹闹。走廊上来来去去的同学很多，万一撞到又是不得了的事情。除了这两名同学，苏老师班里的其他学生下课了也总喜欢在走廊上跑来跑去，而且屡禁不止。苏老师很苦恼，不知道该怎么办。

### 情境分析

## 课间安全三大认识

苏老师班里的学生一下课就喜欢在走廊上跑来跑去，教育多次也没有多大效果，甚至上一个课间刚教育好，这个课间又出现同样的情况，其原因是什么呢?

**一、好动——学生的年龄特征**

苏老师所教的是一年级的孩子，好动爱玩是这个年龄段的孩子的特征，他们在走廊里跑来跑去，在楼梯上跳上跳下，是常见的现象。这不仅仅是一年级学生会表现出来的行为，甚至到二年级、三年级都能在课间看到这样的情景。学生在教室上了40分钟课，安静有序。但是下课后，相对自由的时间和空间让他们放松了下来，于是走廊、楼梯就成了他们玩耍的天地。

**二、方法——学生的行为基础**

苏老师的班级出现学生下课跑来跑去的现象不是一两次了，每次苏老师的解决办法都是口头教育，让学生知道这样的行为很危险，但是对于学生来说，他们还是不知道下课后该如何正确地玩。纵然下课后是学生休息的时间，但也不是让学生随意跑来跑去做些危险游戏的。苏老师显然在进行班级管理的时候，没有意识到对学生进行方法指导的重要性。学生在老师的教育下知道自己行为的危险性，但是如何安全地进行课间活动呢？可以做什么？怎么做？他们还是一无所知。所以苏老师在下次进行课间管理的时候，一定要对学生进行方法的指导，哪些区域下课是可以去的，去那里活动可以做些什么游戏，这些游戏该怎么安全地玩……要一一细致地跟一年级的学生讲解清楚，他们才会知道怎么开展课间活动。

**三、尊重——学生管理的前提**

尊重是人与人交流的基础，尽管我们面对的是一年级的小学生，尊重也是必需的。苏老师看到两个学生在楼梯上对峙，把他们带到办公室后劈头盖脸就是一顿批评，殊不知已经将学生隔离在心门之外，即使他们有什么想说的也不想说了。所以，在与学生交流的时候，一定要放下老师的身段，把必需的尊重还给学生，这样做起学生的思想工作和管理工作来才能事半功倍。

**案例分享**

## 课间管理，宜导不宜禁

作为语文老师兼班主任，我除了要做好语文教学工作外，还要把班级方方面面的事情处理好。因此，如何在课堂之外把班级管理好，就是我们日常需要面对和处理的重要问题。在各种事务中，课间管理是重中之重。课间虽然看似时间不长，但却有可能发生各种让人措手不及的事情……

我捧着一摞抄写本走向教室，刚要进门，小张就像头小牛迎面朝我奔来，与我撞了个满怀，所有抄写本都散落在了地上。小李欢快地在后面追逐，也没刹住车，撞得我肩膀生疼。六年级的学生，个头儿比我还高。我想，如果是班级里身材瘦小的女生，一定会被撞倒，甚至可能会受伤。我制止了他们的打闹行为，让他们两个都能够停下来。也是被撞的那一下，让我开始思考把维护课间纪律提上日程。

后面的几个课间，我开始在楼道里观察，想看看班级课间的情况。我这才发现，原来在教室里追逐打闹是十分常见的现象，尤其是男生们，一个比一个活跃。看到这里，我心里也有了办法。

我利用一次晨会的时间，把自己的课间纪律要求向同学们做了公布。首先，我提醒大家课间要尽量避免奔跑，因为无论是上厕所，还是交作业，课间 10 分钟都是足够的。同时我也告诉大家，如果因为一些事耽误了上课，可以和老师说明白，这都是没有问题的，但绝不能把时间不够作为迟到的理由。其次，我把自己被撞的经过告诉学生，并通过讲解网络上找到的案例，让他们明白追逐打闹存在的安全隐患，希望能够通过案例，让他们有更直观的感受。

在提出禁止事项的同时，我也给同学们提出了一些小建议。考虑到追逐打闹是男孩精力过剩导致的，我便向男同学提议，在课间玩诸如五子棋之类的益智游戏，这既能缓解自己在课上的紧张情绪，又能合理分配精力，最重要的是可以避免课间班级秩序的混乱。为了让更多学生响应我的提议和号召，我还设定了奖励措施，通过记录学生在课间的表现并及时表彰，让他们习惯在课间静下来。除了益智游戏，我还建议男同学在课间找宽敞的地方，像上体育课前一样做一做准备运动，从而让自己更好地进入下一堂课的学习状态。

在公布纪律之后，我安排学生轮流对课间的纪律进行监督。监督者并不需要汇报谁没有遵守纪律，而是需要根据课间纪律情况，提出自己的一个小建议。这样一来，同学们都愿意做监督者，课间活动慢慢丰富起来，纪律也越来越好。

在工作不忙时，我也会回到教室，和同学们共度课余时光。一方面简单维持一下纪律，另一方面不断提醒大家自主地将课间纪律保持好，从而积极地参与到班级氛围的营造中去。

**解决策略**

## 我的课间我护航

随着下课铃声的响起，安静的校园顿时沸腾起来。短短的10分钟，学生们会如何度过呢？有的同学会充分利用课间10分钟，整理文具用品、上厕所、喝水等，而小部分同学选择充分利用这有限的10分钟，抓紧时间玩。经过40分钟的紧张学习，学生们都想在课间得到片刻放松。他们所谓的“玩”很多时候就是追逐、打闹，做危险游戏或动作，所以老师们要关注和重视低年级学生的课间安全问题。由于低年级学生认知能力有限、是非观念模糊、不分轻重，他们经常会在课间做一些让老师措手不及的事。因此，我们作为班主任，就要正确引导每名学生，让他们明白课间哪些事是可以做的，哪些事存在安全隐患，是要杜绝的。我们可以从以下3个方面着手抓好课间安全。

### 一、听事故，敲响心中安全的警钟

要想从根源上断绝学生做危险游戏或动作，首先务必从思想上让学生认识到课间玩危险游戏的危险性。班主任可以结合晨会或班会，给孩子们观看近些年发生的课间安全事故、本校的课间安全隐患，用直观、近距离的受伤图片和震撼的数据敲响孩子内心的警钟。然后通过问卷调查了解班级中存在的危险游戏或行为，做到心中有数，再寻找相应的对策。

**二、用镜头，做课间安全大学问**

经过前期的观察、了解，班主任对班级中有危险行为的同学有了大致的了解，接下来该如何有效地转化这些学生，让他们明白课间安全的重要性？我们可以在班级中开展“寻找课间文明小星星”的主题活动。以班级为单位，班主任要不厌其烦地在每个课间走到班级中，用镜头拍下那些曾经玩危险游戏的同学在课间有进步的瞬间，并当场表扬，表扬要热烈持久，让部分同学的转变带动整班同学的转变。要用表扬和鼓励巩固孩子的道德行为，帮助他们进行自我约束。

**三、创游戏，谱写课间大智慧**

当发现班级中危险行为少了，孩子们也越来越自觉的时候，我们就要着手教会孩子们怎么来合理安排自己每天的课间活动。不允许做危险游戏并不代表每个同学要循规蹈矩地待在教室里，一些有益身心健康的安全的游戏活动还是可以组织的，那么这时候老师就要出面告诉孩子们哪些活动可以做。班主任可以通过开展“安全游戏大比拼”等活动，让家长也参与进来，每个家庭自创一个游戏，要求安全、合理、可操作性强。然后在班级中进行评比，让所有的同学做小裁判，评出合理、安全、可操作性强的课间游戏，让家长们和自己的孩子到年级或者别的年级组巡演，呼吁更多同学在课间玩安全的游戏，还每个孩子一个平安、快乐的课间。

## 问题 3 班级课堂纪律差怎么办？

课堂纪律是指为保障或促进学生的学习而设置的行为标准及施加的控制。良好的课堂纪律是课堂教学得以顺利进行的重要保障，它有助于维持课堂秩序，减少学习干扰，也有利于学生获得情绪上的安全感。就个体而言，课堂纪律是对学生行为施加的外部准则与控制，当它们逐渐被学生接受或内化时，学生就能自觉地自我指导和自我监督。

## 问题情境

### 课堂“打地鼠”

小晨喜欢玩杯子，小洲喜欢把尺子做成玩具枪，小昭最善于搓磨橡皮，小佳的同桌无论性格怎样都会被她带成话痨……带这个二年级的班已经快一年了，苏老师不敢说对每个学生的情况都了如指掌，但每个学生上课喜欢做什么，在哪里能找出他们的“小玩意儿”，她心里已经“记”满了一个小本本。

“啪”的一声响，小晨的水杯又掉落到地上了，就像是在平静的湖面砸下一块大石头。正在上课的苏老师被吓得手一哆嗦，班级其他学生纷纷朝小晨看去，有的还对他挤眉弄眼。小晨看上去特别委屈，眼泪汪汪地对苏老师说：“老师，我杯子坏了。”本来就怒气冲冲的苏老师，一下子被激出了“河东狮吼”：“谁让你上课还在玩水杯！下课水没喝饱吗？”一顿“声波输出”，让小晨嗫嚅着说不出话，而苏老师的课堂也变得乱七八糟。教学节奏被打断了，课堂时间被占用了，学生的注意力被吸引了……这堂课就这样草草收场。

苏老师的教学笔记里又得添上一笔了：务必时时教育低年级学生放置好个人物品，上课不可以拿与课堂无关的东西，如果违反了课堂纪律，就……“经验，经验，就是在各种事情发生后总结出来的。”苏老师叹了一口气。

放学了，乖巧的女孩子们甜甜地和老师说再见，酷酷的男孩子们扔下一句“老师再见”就头也不回地钻进人群走了。送走了这帮孩子，吵吵闹闹的一天又过去了，但是苏老师的工作还在继续。苏老师很明显地意识到课堂纪律是个大问题，没有良好的课堂纪律，无论是老师还是学生，课堂效率都不会很高，时间一长，将会成为拖累整个班级学习的大隐患。她开始反思：是自己的课上得不好，很没有吸引力吗？于是她改进了课件，多做些有趣的小设计，可惜效果不明显。课堂纪律差的学生还是会觉得自己做的事比上课有趣得多，甚至会在课堂反应强烈的时候，更加肆无忌惮地讲话、做小动作。

苏老师已经板着脸好几天了，脾气看上去越来越不好了，每天进班级都是一副怒气冲天的样子，课上着上着，发现有人做小动作，就开始点名批评。课堂时间严重被这些琐碎的事占用了，课堂纪律问题像“打地鼠”似的，这边平息，那边又起。苏老师时不时就得批评一些人，这样做也常常打乱教学节奏，使一堂课的教学任务不能完成，有时甚至不得不占用下课的时间来讲完。如此高耗却低效，整个班都被拖累得很疲惫，苏老师更是有心无力。苏老师该怎么办呢？

**情境分析**

## 探秘课堂上的闹哄哄

课堂纪律影响着学生的上课效率，课上闹哄哄，学生的听课效率自然低；课上安静有序，学生学习知识的环境好，听课效率自然高。苏老师所带的是二年级的班，经过一年级行为习惯的训练和指导，学生对于课堂规则是有概念的，二年级的课堂不应该总是出现吵闹的情况，苏老师班的课堂纪律差有以下3个原因：

**一、行为规范没有训练到位**

低年级是学生可塑性比较强的阶段，良好的行为习惯都在这个阶段养成，所以老师要特别重视低年级学生的行为习惯训练。众所周知，一个班级的课堂秩序影响着听课效率。从案例中不难发现，苏老师是二年级才接手的，可是快一年了，班级里还是有多名同学上课做小动作，影响上课秩序。这说明一年级的时候，学生的行为规范没有训练到位，或者说苏老师接手这个班级后，发现了问题却没有有效的方法去进行训练、指导，导致学生上课纪律差，总是因为纪律问题影响上课进度。

**二、老师指导没有及时到位**

及时的指导可以有效地预防一些问题，帮助学生的行为朝好的方向发展。苏老师对这个班的学生上课喜欢玩什么，对于在哪里能找出他们的“小玩意儿”，心里“记”满了一个小本本，可谓尽心尽力。但是，我们要知道，仅仅了解学生是不够的，还要对他们做有效的指导，在学生出现问题的时候马上做教育引导。苏老师在发现问题后对学生进行了口头教育，但这样苦口婆心的教育有用吗？效果似乎并不好，苏老师还是缺少符合学生年龄特征的、有效的、到位的教育方法。

**三、老师态度影响教育效果**

老师对学生的教育态度往往影响着学生接受教育的效果，“河东狮吼”固然能暂时镇住学生，但是“狮吼”的效果往往不大，学生当下是被老师的高分贝镇住了，但是对于低年级的学生来说，他们可能意识到自己做错了，然而错在哪里、该怎么改，他们还是不知道。所以老师要调整好自己的心态，当课堂出现这样或那样的问题时，要按捺住自己心中的怒火，帮助学生分析产生问题的原因，告诉他们以后该如何做，这样效果会比时不时一次“狮吼”要好。

**案例分享**

## 最好的安静是接受热闹

伴随着一阵稚嫩的欢笑声，一群浑身散发着朝气的孩子背着崭新的书包欢快地跑进了教室。又一批一年级新生在秋风送爽的9月正式成为小学生，开启了一段新的人生征程。在他们无所畏惧又充满好奇的脸上，我看到了活力，也看到了闹腾。

犹记得自己第一次带一年级新生时，一节课可以无限循环“上课—整顿纪律—上课—整顿纪律”，就连师父第一次听我的课时，也忍不住站起来帮我维持纪律。课堂纪律可真是新老师莫大的烦恼。

经过这些年的磨炼，我慢慢地掌握了两个维持课堂纪律的技巧，现分享给大家，希望能给正面临如我当年一样困扰的新老师一点启发。

**一、热闹统一化**

我专门为低年级的课堂纪律设计了一套统一行为，可用于正式上课之前或者开展下一环节的教学活动之前。这套统一的行为可以是语言式的。比如老师说：“1，2，3。”学生答：“坐坐好。”老师说：“3，2，1。”学生答：“静下来。”使用效果很不错，基本上重复两次课堂就能够鸦雀无声。

当然，这种统一的行为也可以是动作式的。比如以“嗒、嗒、嗒嗒嗒”的节奏全班统一拍手，在热闹又整齐的掌声中，学生会很迅速地安静下来，并且加入这热闹的鼓掌中。

不过，当学生觉得新鲜劲儿过去了，可能就没那么配合了，所以我又在此基础上做了一些改变。当我发现有几个学生不能投入拍手中时，我说“下大雨了”，掌声就会变响；我说“下中雨了”，声音会变小一点；我轻轻地说“下小雨了”，掌声就变得很轻了；此时我再说“雨停了”，班级里就没有声音了。

**二、热闹游戏化**

游戏化教学总是深得孩子们的欢心，游戏化的指令也很适合用于课堂纪律的管理。我很喜欢跟这帮刚入学的孩子玩一个“你说我做”的游戏，他们也总是乐此不疲。比如，这节课我想默写，我会一边竖起手指一边说：“老师现在要发布3个指令：第一，打开书桌上的紫色方格本；第二，拿出铅笔盒里的铅笔和橡皮；第三，坐姿端正地等待老师报词语。”待我“开始”两个字一说出口，全班就进入了紧急的“默写备战”状态。不到一分钟，他们就能整整齐齐地坐好等着默写，并且脸上带着严肃的微笑。这个时候的他们，无疑是非常可爱的。

有时候，需要做的事情比较多，没办法一次性把指令发布完，我就会采取“任务升级”的形式。第一次只发布一个指令，第二次发布两个，以此类推，直到这一部分的任务完成。其实，学生完成的内容是一样的，但因为被游戏化了，他们参与的热情就高了，课堂纪律也更好了。

孩子们喜欢的“热闹”就在那里，不增不减。如果我们能将这份“热闹”管理好，也许课堂纪律问题就迎刃而解了。我相信关于“热闹”的管理会有更多的形式，而最好的纪律就是接受热闹。

**解决策略**

## 三大法宝助力课堂纪律管理

学生在课堂上窃窃私语、大声喧哗或者心不在焉，这就表明课堂纪律出现了问题。课堂纪律直接影响着教学效率，我们该如何管理课堂纪律呢？对此，我谈谈个人的感受和看法。

**一、树立威信，严慈相济**

如果你去每个班级看一看，会发现不同教室的课堂纪律是不一样的，有些教室的学生特别安静认真，而有些班级却吵吵闹闹，一点儿也不像在上课的样子。哪怕是同一个班级，不同的老师上课，纪律也是不一样的。为什么同是上课，却会产生如此大的差异呢？这肯定与我们老师相关。别看小学生年龄小，可“心眼”还挺多，他们能安安静静地上课，要么是因为喜欢这个老师，要么就是害怕这个老师。

那么，如何做一个让孩子既爱又怕的老师呢？我认为第一堂课很重要，老师要想在学生中树立威信，那么与学生相处的第一堂课万万不能太随意，要讲究严慈相济。“严”，就是在课堂管理上，严格守纪，任何时候都不纵容违反纪律的孩子；“慈”，是在老师对待违纪行为的处罚上，要记得尊重学生，保护学生的自尊心，不要当众大声责骂、惩罚孩子，可以是严肃的静默，也可以是严厉的目光。总之，要让学生觉得，老师因为自己违反课堂纪律而生气了，要立马改正自己的不当行为，但又不至于让学生的自尊心受伤。

**二、培养习惯，奖惩得当**

小学生的自制力还不够强，一节课的安静并不意味着日后每节课都乖巧听话，而教师在和不在时也会有区别。对于小学生纪律意识的培养，应贯穿于小学课堂教学的各个环节，更是各门课程的老师都应该参与的事。所以，每位任课教师对课堂纪律都要常抓常讲，持之以恒，时时刻刻明确课堂常规要求，让学生慢慢养成遵守课堂纪律的好习惯。

另外，在课堂上，教师可以使用多种奖励手段巩固和强化学生的积极行为。如对于课堂上遵守纪律的学生，可以给予口头赞扬，或者目光鼓励，也可以奖励一颗星、一张免作业卡等。当然，不能只有奖励没有惩罚，奖励与惩罚是相辅相成的。对于犯错的学生，教师必须进行相应的惩罚。这类惩罚不能随心所欲，必须提前告知学生，定下规矩。惩罚的方式可以是写检讨或短时间的站立等。如果班级里能建立一套得当的奖惩机制，让其成为教师维持纪律、管理班级的重要手段，也是非常有利于培养学生遵守纪律的习惯的。

**三、注重评价，树立榜样**

无论是高年级学生还是低年级学生，都是孩子，都有很强的向师性。教师对他们的及时评价，是非常重要且必要的。孩子肯定喜欢听到老师的表扬，得到老师的奖励。在课堂上，教师在传授知识的基础上多一些评价性的语言，可更好地把控课堂纪律。比如某某同学回答问题时，有些孩子认真倾听了，立马抓住这个时机，重点表扬那些听得认真的同学："× × 同学，老师注意到你听得很认真。"其他孩子听到了，也会安静下来认真听，因为他们也想得到这样的评价。同时，教师可以设立几个小组，在上课时经常以"× × 组听得最认真""× × 小组最安静"这样的话语来树立榜样，号召其他组的同学向他们学习。这样的榜样力量是很大的，因为有了对比，往往能让走神的学生快速回到课堂上来。

## 问题 4 我的午餐我做主?

健康的饮食习惯，文明的就餐秩序，是学校生态德育和生命健康教育的一项重要内容，是校园文化建设的重要方面，也是做文明小学生的基本条件之一。现在笔者所在的区域，大部分学生中午会留校就餐，这也给学校管理、班级管理带来了压力和挑战。规范学生就餐行为，使每个学生做到"按时就餐、有序就餐、安静就餐、节约就餐、卫生就餐"，逐步养成文明就餐习惯，是每一个班主任在班级管理中的一个挑战。

### 问题情境

**午餐小插曲**

踏着欢快的下课铃声，在学校吃午餐的小家伙们像一群快乐的小馋猫聚集到班级走廊，等苏老师到了整好队伍后，孩子们跟着苏老师蹦蹦跳跳地向学校食堂走去。已经是三年级的学生了，可是每次护餐，还是需要自己亲自整队，苏老师无奈地摇了摇头。

走进食堂，孩子们赶紧跑到自己的座位上，每桌的桌长开始为同桌的同学端汤、分勺子，一切看起来似乎都很有序。餐桌前，一碗碗米饭散发着香气，餐盘里有红烧大虾、黄瓜炒肉片，还有鸡蛋汤等，今天的菜可真丰富！有的同学两眼放光，拿起勺子大口大口地吃着，苏老师看着满意地点了点头。可是，好景不长，本来安静就餐的孩子们开始窃窃私语，一会儿这边传来悄悄讲话的声音，一会儿那边传来嘻嘻哈哈的声音，甚至一边的两个男同学打起了勺子架。苏老师马上走过去"镇压"，可是窃窃私语的声音始终没有停止。苏老师很生气，她怒视那几个学生，试图让学生发现并停止说话，可是他们似乎没有发现。

苏老师吃完了饭，巡视了一圈，发现有几个孩子的饭菜没怎么动，一问才知道原来他们不喜欢吃这几个菜，不想吃。好几个孩子餐盘里的大虾一只都没动，今天菜的口味还是可以的，她弯下腰问其中一个孩子："这个大虾这么好吃，你怎么一只都不吃啊？"小男孩低下头轻声地说："老师，我也想吃，可是我不会吃。""把虾壳剥掉就可以吃啦！"小男孩不好意思地说："老师，家里吃大虾都是奶奶帮我剥好壳，我从来都没剥过，不会剥。"旁边其他几个没动大虾的孩子也在一旁应和着，苏老师无奈地摇了摇头。一抬头，还发现有几个孩子拿出了他们自己带的零食吃起来，餐盘里的米饭却不见少。

看着孩子们浪费食物的行为，苏老师回想起自己之前去青海农村支教的经历：那边的孩子大多家境不好，上学要走很陡很长的山路，中午就吃自备的馍馍，因此他们从小就懂得要勤俭节约、爱惜粮食，不能浪费。如何让自己班级的孩子学会珍惜粮食呢？苏老师陷入了深思……

### 情境分析

## 午餐"乱象"大探秘

学习了一上午，到了午间，是学生午餐和午间休息时间。这段时间相对于上午紧张的学习生活来说，还是比较轻松的。但越是轻松的时间，学生越容易出事，就像被压紧的弹簧，只要一放松，弹簧就弹得很高。这对于班主任的管理来说又是一个重点。

学生的就餐情况需要班主任老师的指导和管理，若没有指导，浪费、吵闹等现象都会影响班级的就餐秩序。午餐虽然是一件放松的事情，但是监管也必不可少。苏老师的班级出现那样的就餐问题，有以下两个原因：

**一、就餐纪律意识不强**

学生的就餐纪律意识不强，比如午餐音乐响起，该立马去走廊排队，然后由护餐老师带领去食堂就餐。可是，苏老师班级的学生只知道聚集在走廊上，没有自主排队的意识，要等到老师到了之后再整队去食堂。此外，到了食堂就餐一段时间后，学生开始窃窃私语，并且在苏老师提醒之后仍有部分学生讲话，这进一步表明学生的就餐意识不强。“食不言，寝不语”不是剥夺了孩子的自由，而是真正帮助孩子养成健康的生活习惯。就餐保持安静也是学生该遵守的纪律。在苏老师的班级中，还有学生拿着自己的零食来加餐，这显然是不合适的。食堂做的是大锅饭、大锅菜，不可能符合每一个孩子的口味，若每一个孩子都带零食来加餐，对他们的身体健康是没有任何好处的。

**二、就餐自理能力不强**

我们进行班级护餐的时候会发现，部分学生挑食严重，对于自己不喜欢吃的饭菜一口不动；浪费现象也比较严重，很少有学生能做到每天都光盘。在放学接孩子的家长队伍中，还会发现很多家长手里拿着一些吃食给孩子，这就更加助长了孩子在学校里面不好好吃饭的坏习惯。很多孩子每天就盼着家长接自己时带些好吃的来，所以在学校吃午餐时“胃口不佳”。作为三年级的孩子，他们应该具有一定的自理能力，可是苏老师的班级里有几个孩子居然不会剥虾，原因是家里每次吃虾都是家长帮忙剥壳，使得孩子丧失了基本的生活能力，碰到没去壳的虾就不会吃。

**案例分享**

## 重锤敲响节约钟

“咱们班的小雨和小多吃饭老是剩饭，吃不干净。”美术老师在一次陪餐后，向我反映了班级的午餐情况。我将这件事情记在了心里，同时，也单独和小雨、小多进行了沟通。这次沟通，我主要采用说教的形式，告诉小雨和小多不把饭吃完是不行的，“谁知盘中餐，粒粒皆辛苦”就是告诉我们不能浪费粮食，只有吃完盘子里的饭菜，才不会枉费农民伯伯的辛苦劳作。经过我的一番说教，小雨和小多应声答应，向我保证，以后再也不浪费粮食了。

从此，他们两个确实没有再剩饭了，我以为这一次的说教达到了效果。但是，没有想到，他们两个是左耳进右耳出，没有完全意识到自己的错误，将浪费换了一种花样。就在这之后的不久，我在陪餐的过程中，特意对同学们的就餐情况进行了观察。这一观察，我竟然发现小雨和小多两个人遇到不喜欢吃的菜，会偷偷地夹出来，扔到垃圾桶里，或者嚼过一遍后，吐到桌子上。而且还会跟周围的同学说这不好吃，倒掉算了。然后，周围的同学也被他们影响，将不好吃的菜直接夹出来丢到桌上。这一幕刚好被我看在了眼里，我很生气，便直接走到小雨、小多的面前，用生气的眼神看着他们。他们看到我，知道自己犯了什么错，不敢大声说话，乖乖地把饭吃完了。临走时，还特地跑来对我说对不起，但是我没有理他们，依然一脸不高兴。因为我在思考，是不是我的教育方式不到位，导致他们根本没有把我的话听到心里去。我知道，必须用“重锤”纠正他们浪费粮食的行为。

刚好这天下午有我的一节语文课，我临时将这节课改成了作文课。利用午休的时间，我准备了很多视频：有的视频中，农民辛苦种地，双手全是老茧；有的视频中，穷苦人家吃不饱饭，一个馒头分成几份；有的视频中，小孩子吃饭挑食，各种吵闹，一看就让人来气……上课之前，我将这些视频作为导入内容，播放给同学们看。他们看完后，我告诉他们：“同学们，这些视频说的就是劳动的辛苦，还有粮食的可贵。你们看了这些视频，有没有什么想法？我自己所想到的，就是粮食是辛苦种来的，我们吃的每一粒米，都伴有辛苦的汗水。我只想说一句：浪费粮食可耻。而这句话，就是今天的作文题目。大家以这个为题，写一篇作文。”

说完，我特意看了小雨和小多一眼，他们两个都低着头羞红了脸，显然知道我上这堂课的用意。果然不出我所料，他们两个在作文中，都对自己浪费粮食的行为进行了检讨。比如小雨写道：浪费可耻，说的就是我自己，我不明白别人劳动的辛苦，饭不吃完，还把菜扔掉了。我深深伤害了劳动人民和那些吃不饱饭的人的心，我就是浪费可耻的代表。看到他们的作文，我笑了，看来这次的作文课起作用了。而且之后，小雨和小多主动找到我，承认了他们的错误。我知道，他们这次真的会改正了。

对于学生的错误，不能够容忍，响鼓一定要用“重锤”，哪怕是中午就餐这样的非课堂教育问题，也要及时开展教育。只有这样，“锤”才能击到学生的心里，才能让他们真正认识到错误。

**解决策略**

## 文明之花绽放在午餐时

纵观现状，班级里 95% 以上的学生在学校就餐，大批量的学生在同一时间、同一地点就餐时，也带来了一些麻烦。比如就餐纪律、学生挑食、浪费粮食等问题，如何有效地解决这些问题呢？班主任可以试试这 4 个小妙招。

### 一、督察式管理

小学生的自制能力相对来说比较差，午间就餐需要进行一定的监管。监管的形式有两种，一般学校会配备一名老师进行就餐管理，这对于就餐纪律来说十分必要，特别是一年级、二年级的学生，老师监管力度的大小决定就餐纪律的好坏。此外，对于中高年级的学生来说，可以安排一名午餐小督察进行监管。小督察可不必随班级排队，适当早点去就餐，就餐完毕便对其他同学进行管理，可以拿一个本子对就餐表现好的同学进行记录，这样既清楚明了，又有章可循。老师陪餐监管加学生管理，双管齐下，方可确保午餐纪律。

**二、示范式管理**

教师的言传身教对于学生的成长来说十分重要。每日陪餐的老师首先要发挥表率作用，就餐时不讲话，珍惜每一粒粮食，做到餐盘里的饭菜都吃尽，用自己的行动给学生做榜样。所以，班主任要与班级的陪餐老师进行沟通，促使每位陪餐老师都做到每日陪餐不讲话、吃干净。相信以身作则，必定会潜移默化地让学生的就餐行为发生改变，让学生养成良好的就餐习惯。

**三、专题式管理**

学生的常规管理需要反复抓、抓反复，单单靠每日的监管和示范带动效果是有限的，还需要在晨会、班会课上不断地强化，就餐教育亦是如此。班主任要利用每日的晨会或者班会进行专题化教育，其中就餐指导性专题可以从以下几个方面入手：节约光荣、浪费可耻，挑食偏食的危害，合理膳食的好处，说话式就餐不文明，随地掉落饭粒菜粒的危害等。同时，针对小学生的年龄特点，可以反复讲、讲反复。

**四、评优式管理**

有效的激励方式有助于行为习惯的养成，可以对学生的就餐进行评比。比如，每日可对学生的就餐情况进行星级评定，低年级可由陪餐老师进行评定，中高年级可由午餐小督察进行评定。就餐时能做到安静、吃尽，并且桌面、地面保持干净的同学可得1颗星，累计得到5颗星的同学可获得老师的一个签章，累计达到5个签章的同学可以换取一张“文明就餐之星”的奖状。期末三好学生的评定也可以与就餐情况挂钩，当然具体几颗星、几个签章，班主任可以有个性化的安排。

总之，就餐坏习惯一朝一夕便可形成，但一朝一夕难以矫正。所以，良好的就餐习惯需要我们的耐心、细心和恒心，需要刚柔相济，需要及时捕捉闪光点，需要率先垂范、以身作则。

## 问题 5 放学了，如何纠正学生的磨蹭习惯?

放学时间也是需要班主任重点关注的时间段，学生学习了一天，放学是他们最开心的事，往往这个时候他们最放松，也往往容易出现一些意外。放学时间主要可以分为 3 段：放学后、放学中和放学后。我们可以简短地做一些今日小结，然后是放学路队的管理和学生的值日工作。但是我们发现，在整个放学过程中，有些同学干脆利落，一会儿就整理好了一切；可有的同学却磨磨蹭蹭，半天也出不来教室，这就需要班主任的引导和训练。

### 问题情境

**放学时的“磨蹭哥”**

丁零零，放学铃响了，苏老师来到教室，组织学生放学。今年是她第一年上岗，这个二年级的班级也是刚接手的，才过了不到两个星期，发现的问题就不少，她决定要好好整改一下。

苏老师清了一下喉咙，把今天的口语家庭作业又重复了一遍，然后提醒同学们整理书包，捡拾座位旁边的垃圾，方便值日生工作。同学们迅速行动了起来，赶紧把桌上的课本、作业本一本一本地放进书包。整理完书包后，马上查看自己座位旁边有没有垃圾，有垃圾就赶紧扔进垃圾桶里。5 分钟过去了，大部分同学都整理好了书包站在走廊上排队，等候老师带领离校。苏老师很满意地看着外面的队伍，可是目光转向教室，仍有几名同学还在慢条斯理地整理着，文具盒没整理好，桌上书本东一本西一本地散落着，课桌底下还掉落着铅笔、书本。苏老师赶紧催促这几个学生快一点整理，又过了 5 分钟，最终还剩下一名同学没有整理好。苏老师实在看不下去了，自己动手帮这名同学整理起来。

好不容易整理好书包出来排队，一名同学又发现自己的水壶忘了拿，赶紧跑回教室拿水壶。所有同学都在走廊焦急地等着这名同学，可他却还是不紧不慢地出来，人总算都齐了，苏老师松了一口气。可是，她又发现，同年级其他班级的学生走了，自己班的队伍却还是乱七八糟的，有人聊天，有人打闹，磨磨蹭蹭地排不好。苏老师一个头两个大，赶紧整队，好不容易整好了队伍，带领学生走到校门口，已经过了自己班离校的时间，家长在等候区怨声载道，苏老师身心俱疲。如果每天放学都这样，该怎么办呢？

**情境分析**

## 拖拉磨蹭也有因

苏老师这次接手的是一个二年级的班，尽管在行为习惯上不必像一年级那样每一项都要训练指导，但是当出现问题的时候，班主任还是要对学生没有形成的良好习惯进行指导和训练。苏老师班级里有几名同学整理书包总是特别慢，影响了班级放学的时间，苏老师很苦恼，原因有以下两个方面：

### 一、行为习惯养成不到位

从苏老师的这次放学经历可以看出，该班部分同学行为习惯的养成还是没有到位。部分学生上课文具用品、书本乱放，没有具体归置的地方，等到放学了要开始整理时也毫无头绪，这边拿一本，那边拿一本，整理效率极低，这与一年级时训练不到位有关，也与家长包办宠溺有关。如果做完作业，老师或者家长指导孩子认真整理几次书包，孩子便不会这样手足无措，一到要整理了都不知道怎么办。由此可以看出，在家里孩子的整理事宜都由家长包办完成。此外，好不容易学生都出来了，苏老师发现班级队伍乱糟糟的，讲话的讲话，玩闹的玩闹，这些都是行为习惯养成不到位的表现。

### 二、老师帮助影响自我训练

当苏老师看到一名同学磨磨蹭蹭半天也整理不好书包时，因想着赶紧把班级队伍送出去，选择帮助这名同学整理书包，殊不知这种帮助会让学生产生依赖心理，在家里父母帮着整理书包，在学校即使整理不好老师也会帮忙整理，导致学生的动手能力越来越差。此时的苏老师可以让这名同学留下来慢慢整理，自己先把班级队伍送到学校门口，回来之后再手把手地教他怎么快速地整理书包。授之以鱼不如授之以渔，用帮助代替教学生学会是很不明智的。

## 案例分享

### 把握症结　训练有方

拖拉磨蹭在小学生的生活中表现得还是比较明显的，有时是因为学生不想做这件事情，但也有一部分原因是不会，因为不会才慢，才拖拉。放学后，我们发现大部分同学能够快速地整理好所有物品，在老师的带领下迅速地整队离开学校，但也有一部分同学总是磨磨蹭蹭，需要老师不断地催促才能整理好。

今年，我担任一年级的班主任，大家都知道一年级的班主任特别累，因为一切常规必须从头教起，不厌其烦地教。开学前几周是行为习惯训练的关键期，许多好习惯就是在这个时候养成的。第一天放学，我提前20分钟进教室，让同学们整理书包、清扫垃圾、出来整队。我原以为时间是绰绰有余的，谁知整整用了30分钟。有的同学书包的拉链怎么也拉不起来，急得在座位上哭，后来才发现是书本随意地丢在书包里所致；有的同学好不容易整理好了，发现桌肚里还有书本、文具，又重新整理了一遍；有的同学明明已经出来排队了，却发现水壶没有拿，又折回去，把原本整齐的桌椅碰乱了。我想这就是明天训练的重点。

第二天，我用了整整一节课时间教学生如何做好放学前的准备。我预定的目标是教学生正确、快速地整理书包，捡拾干净座位旁边的垃圾，排好桌椅并且学会去走廊上排队。一切都在有序地进行着，我让同学们了解了自己的书包，告诉他们哪些地方可以装什么，怎么装，书本要怎么整理，铅笔盒放哪里，水壶放哪里，一步一步教得很仔细。学生们学得也很认真。随后，我们还进行了一次整理书包比赛，因为有了之前的铺垫，同学们基本在5分钟之内都能整理好书包，打开书包看到里面整齐有序，让人不禁为他们点赞。之后，教同学们学会用自己的小扫把、小簸箕清扫座位旁边的垃圾，从前扫到后，按照一定的顺序，同学们立马明白自己清扫的范围和方法。排桌椅需要所有人的相互配合，学生了解了方法，其实也不难。我根据教室地砖上的线，让每一个学生知道自己的座位排在哪条线的哪个位置，虽然花了一定的时间，但是当我提问的时候，每个学生都能准确说出自己的座位排在哪个位置，我不禁为他们竖起大拇指。其实只要跟学生说清楚了具体的方法和规则，即使年龄小、年级低，他们也是能够做好的。

放学铃声响了，我让同学们按照班会课上进行的练习开始放学准备，大家都有条不紊地整理着，虽然有几个同学动作慢一些，但是看到他们正确的操作时，我还是比较放心的。为了让同学们能够更好更快地做好放学前的准备，我进行了小比拼。第一周，我要求同学们在10分钟之内整理好书包、清扫好座位旁边的垃圾、排好自己的桌椅，然后出去排队。我则在教室里面检查，凡是不符合要求的同学需要进来重做。10分钟到了之后，还在里面的同学需要留下来重新打扫整个教室，虽然教室很干净，但对他们来说这是一个小小的惩罚，谁都不愿意留下来，所以大家都一丝不苟地做着。从第二周开始，我把时间限定为5分钟，缩短时间是为了提升学生的效率。就在这样的训练中，我们班同学现在基本5分钟就能完成放学准备工作，并且教室非常干净，都不需要安排值日任务。我想这也是班主任最想看到的，省时省力又能把事情做好。

## 问题6　值日工作如何指导更高效?

精心设计值日生表，科学分配劳动岗位，只是班级卫生工作的起点。相对于高质量地完成任务，前期的工作都是简单的。加强检查，对逃避打扫卫生工作或者劳动质量不佳的学生予以一定的惩罚，只能起到督促作用，充其量可以解决“打扫不打扫”的问题，并不能提高学生工作的主动性和能力，学生值日工作还是比较被动的。要想切实提高卫生工作的质量，关键在于学生认真做事、会做事、做得好。

现在，很多学生在家里基本不做家务，不会劳动是普遍现象。不要说学生，现在有些年轻的班主任也是独生子女，自己也不会劳动。班主任如果看到学生不会劳动，一味埋怨、指责，显然不能解决问题。不会劳动，一部分学生是因为态度问题，而另外一部分学生则是因为能力问题，他是想做的，只是没有能力做好。对于这类学生，批评、指责根本不能解决问题。正确的做法是对学生进行一定的指导和帮助，让学生在实践中得到锻炼，从不会做到会做，从会做到做得好，甚至把学生培养成劳动能手。

### 问题情境

#### 值日工作的老大难

苏老师今年新接手了一个三年级的班，有了前两年其他老师在行为习惯上的训练，一切似乎都挺不错。今天是开学第一天，放学前她来到教室，询问了一下以往值日工作是如何完成的。同学们告诉她以往值日工作是一小组一小组轮流进行的，一天轮一小组，听到同学们条理清楚的回答，苏老师很高兴，决定按照以往的值日方法，先从第一小组开始。

第一小组的同学立马放下书包，准备值日工作，苏老师放心地把值日工作交给了他们，自己则带着其余的同学整队离校。放完学，苏老师准备去教室看一下同学们的打扫情况，可是被几位家长叫住了，家长们问了一下自己的孩子在学校的表现情况。和家长交谈完已经是下午四点半了，想着班级里的孩子们应该已经打扫好卫生回家了，她还是准备去教室看一眼。谁知，刚走到走廊，就听到教室里传来嘻嘻哈哈打闹的声音，还有学生你追我赶的声音。苏老师赶紧走进教室，只见几个值日生拿着扫把跑来跑去，还有两名同学东扫扫西扫扫，教室的卫生状况和离开的时候差不多。苏老师生气极了，大声批评道："你们在干什么？值日工作做完了？赶紧打扫！"于是，苏老师气呼呼地盯着几个值日生做值日。不看还好，一看气不打一处来，教室里一共 4 把扫把，7 名同学抢扫把，都要扫地。胜利拿到扫把的 4 名同学开始扫地了，这边扫扫那边扫扫，不知道一组一组地扫，也不知道一个一个座位地扫，看到垃圾就跑过去扫几扫把。没抢到扫把的同学也不知道要干什么，拿着抹布东抹抹西擦擦。

苏老师对一名平时成绩还不错的同学说："小艾，今天老师任命你为组长，安排好班级的值日工作，老师过5分钟来检查。”苏老师回到办公室批改了一些作业，想着同学们的值日工作应该好了吧，走进教室一看，小艾指挥得热火朝天，可是效果并不理想，桌椅不整齐，地上还有一些残存的垃圾。此时，离放学已经一个小时了，家长们也已经在班级群里面催了好几次了。苏老师无奈，让值日生先回家，自己拿着扫把、簸箕又重新扫了一遍。难道以后每天都要如此？苏老师该怎么办呢？

**情境分析**

## 值日不得法　管理大烦恼

苏老师新接手的这个班级值日工作不尽如人意，不仅慢而且效果不佳，最终在家长们的再三催促下，苏老师只能让值日生先回去，自己打扫卫生。如果每天都这样，苏老师的工作量就太大了，原因有以下3点：

### 一、值日工作没有具体安排

苏老师接手这个班后，应该对班级各方面做好全面的安排，不能等到事情发生了再做安排。比如这次的值日工作，等到放学要做值日工作了才想起来要进行安排。如何安排呢？按照以前的值日模式。可是以前的值日模式效果怎么样，苏老师并不知道，她留下一组同学进行打扫便送其他同学出校门了。苏老师对留下来的这组同学也没有具体的安排，如哪名同学扫地、哪名同学排桌椅、哪名同学倒垃圾、哪名同学负责总协调……值日工作没有具体的安排，导致进度缓慢。

### 二、值日工作没有具体指导

当苏老师送完学生回来后，发现值日生在教室里吵闹，生气地批评了几名同学，并安排了其中一名同学做小组长监管好同学们做值日，然后自己回办公室了，岂不知自己已经错过了最佳的指导时间。当发现孩子们没有好好做值日时，她应该留在教室里看看他们是如何做值日的，发现问题立马指正，这样学生才会知道如何做好值日工作。虽然后来任命了管理的同学，可是这名同学显然不知道如何去分派值日工作，始终没有如期完成任务。在家长们的再三催促下，苏老师只好让值日生回去，自己做了教室的卫生工作，如果回来之后苏老师进行了一定的指导，相信结果不会是这样的。

**三、值日工作没有评价机制**

有效的评价和奖励可以让学生做得开心，做得有趣味。苏老师班级里的值日工作虽不尽如人意，但总归有可取之处，比如留下来打扫的几名同学，总会有那么一两处地方是扫得特别干净的，总会有些许值得表扬的地方。苏老师要及时表扬同学，这样他们才有更大的动力去做好一件事。此外，还应建立一套值日评价机制，让每一天的值日工作看得见、有评价，学生才能有所成长。

**解决策略**

## 值日有法　快乐劳动

劳动是幸福生活的源泉，劳动能创造智慧，劳动能创造未来。劳动教育对于每一个孩子来说都是非常重要的，学生值日工作是劳动工作中非常重要的一环，劳动工作不仅可以锻炼学生的劳动能力，更可以帮助学生在劳动中学会相互配合、相互合作。

**一、做好值日规划**

让学生做好值日工作，规划是非常重要的，很多班主任安排值日工作时往往为了方便，让学生一组一组地轮流进行，这种安排纵然比较方便，但也存在一定不利因素。若这一小组的同学平时都是做事效率比较低的、动手能力比较差的、劳动能力比较弱的，那势必其值日工作与其他几组相比会比较慢。所以对于安排值日工作，班主任要有个规划。首先，要把班级每日要进行的值日工作进行汇总，把必须完成的值日事项一一罗列，然后根据班级人数平均分配，当然这个分配不是随随便便的，要知人善任。班主任可以事先召开一次班会，针对班级值日，学生对值日日期和值日岗位有选择权，班主任可以根据学生的选择进行合理协调。每一组要有一名核心人物担任组长，这名同学要具备一定的领导能力。每一组里面都有能力强和能力弱的同学，男生和女生的比例最好要差不多，这样值日工作开展起来会比较有效。

## 二、有效进行指导

对于低年级的学生来说，完全把值日工作放手给学生来做是需要经过训练的，有了值日规划还要有必要且有效的指导。这个指导要持续两周，在此期间，对于每一组的值日工作，班主任要进班进行细化指导和监督。第一周是细化指导：值日组长怎么做；值日工作先要干什么，然后干什么；哪些工作是可以同时进行的。要让每一个值日生都动起来。同时，怎么排桌椅、怎么扫地、怎么擦黑板，班主任要将有效且高效的方法教给学生，然后学生具体进行值日工作。第二周班主任要进行有效监督，先让学生根据上周的要求自行做好值日工作，当学生有做得不对或不到位的地方，班主任要立马进行纠正。有了两次有效的指导，后期的值日工作就让有能力的小组长跟进。

## 三、奖励评价并行

有规划有指导，后期还要有评价有奖励，学生的值日工作才能做得有趣且有意义。班主任可以在班里开展值日工作大比拼，以小组为单位，制作一个班级值日比拼表，每周进行值日时间计时赛，对每周完成值日工作最好最快的小组给予一次奖励。奖励可以是小奖状，也可以是物质奖励，班主任可以根据自己的情况落实。每个学期根据时长评比出最佳值日小组，进行终极大奖的奖励。这样的奖励机制，可以大大地提高学生的值日效率，同时也能锻炼学生的劳动能力。

班主任的日常管理工作就像弹钢琴，需要十指配合，需要心眼配合，一个指头弹不好，十个指头合作才能奏出美妙的音乐。班主任的日常管理工作也是这样，需要学生、任课老师、家长的配合。班主任的精力是有限的，在进行班级日常管理时，可以开展分工合作。班主任要将中心工作抓在自己手中，重点工作可以分配给能干的同学，其他事务性工作可以安排给其他学生，让每一个学生都能得到锻炼、得到发展。在班级事务的分配中，班主任要对分配给学生的工作做充分的说明和指导，让他们明确自己要干什么、怎么干，先扶再放，学生才能更好地辅助老师做好班级的日常事务管理。此外，管理要奖惩有度，学生的行为表现反反复复，班主任在进行班级日常事务管理时，要懂得运用奖惩来帮助学生巩固已有的好习惯，改正不好的习惯，在奖惩中运用自己的智慧，让你的奖“钩”住学生，为了你的奖而不断努力。当然，遇到一些原则性的问题时，我们也要适当地采取一些惩罚措施，但是要有度，不能触碰教育红线。

班主任的日常事务对于学生、学校、家庭、社会的作用举足轻重，但同时它又林林总总，数不胜数。为有效地进行日常事务管理，需要我们根据班级学生特点、班级具体情况，多管齐下，找到适合学生、适合班情的好方法。

# 第二章　班干部的选拔与培养

班干部是协助班主任开展班级管理工作的得力助手，在学生中起着模范带头的作用。对于班主任来说，不管是新班主任新接班，还是老班主任续接班或中途新接班，拥有一支工作热情高、工作主动性强、工作能力强的班干部队伍是非常重要的，这既可以锻炼学生自主管理的能力，也能让班主任从烦琐的班级事务中解放出来。班干部参与班级的日常常规管理，在各项活动中发挥着组织领导作用，在班级中起着桥梁沟通作用，他们也是班级良好舆论及优良学风、班风的创设者、维护者、引导者和实践者……他们协助班主任管理班级，当好班级学生的“领头羊”，带领全班学生齐头并进，带动班级一起朝着向上、向善的方向健康发展，让班级充满成长的气息。班干部是班主任的得力助手，是班主任的“左膀右臂”，让班主任在班级管理中“如虎添翼”。那么，班主任如何发现班干部苗子？如何组建班干部队伍？如何进行班干部的选拔与培养呢？本章就这些问题做一些探讨。

## 问题1　新任班主任如何进行班干部的选拔与培养?

班干部是协助班主任管理、建设班集体的得力助手，是在班集体建设中，影响、引领班级其他学生、实现共同成长的重要伙伴。做好班干部的选拔和培养对于班集体来说非常重要。那么，初任班主任如何做好班干部的选拔与培养呢？

## 问题情境

### 班级管理中的“一地鸡毛”

刚踏上工作岗位的小苏老师，初任班主任，接手了一个一年级的班级。作为新班主任的她，有对刚刚踏进小学校园的一年级小朋友的满怀好奇，也有对未来的班级管理工作的彷徨与忐忑。为此，她翻阅了大量有关学生心理和班级管理的专业书，也向学校里经验丰富的老班主任取经求教，得出了一个结论：新班级一定要选出优秀的班干部、能干的小助手，协助自己做好班级管理。这样，班级才会井然有序，才能成长为优秀的班集体。

为了尽快使班级工作落到实处，小苏老师通过一星期的接触与观察，指定了几个做事特别主动的学生担任班干部，教他们怎么开展晨读，怎样督促同学做眼保健操，怎样管好自习课纪律，怎样督促值日生工作……刚开始，班干部们很积极，非常乐意为老师做事情、为班级做贡献，干劲十足。晨读时，晨读管理员就站在讲台前，捧着书本，带着同学一起朗读课文；做眼保健操时，眼保健操管理员站在讲台前，一双明亮的大眼睛像雷达一样四处扫射着，督促同学做眼保健操，提醒不认真做操的同学要认真做，保护自己的眼睛；自习课上，值班老师还未进教室，班长捧着书本和作业来到讲台前，大喊一声：“上课了，都安静”，一声令下，大部分学生都能静下来做自己的事；放学了，值日生在认真地做值日，卫生委员尽职尽责地检查教室的卫生打扫情况，时不时地给他们提意见，这儿没扫干净，那儿还有纸屑……

但是，慢慢地，班干部的弊端显露出来了。晨读管理员本身很积极，但他个子小、声音轻，常常自己在讲台前认真领读，下面自觉的同学也会跟着一起读，不自觉的同学就在教室里趁机讲话、聊天。眼保健操管理员管理时，自己不做，只看着其他同学做，督促不做或不认真做的同学，遇到调皮的同学甚至要一而再再而三地提醒，即使这样有时也根本不管用。自习课上，班长能起到榜样作用，在讲台前维持纪律。但遇到讲话、调皮的学生，他的方式比较简单粗暴，有时直接让同学站起来，有时甚至把同学叫到黑板前面罚站。放学了，值日生的动作拖拖拉拉，卫生委员也在管理，但本身缺乏打扫的经验，只会挑三拣四提意见，不能很好地帮助值日生提高效率……

一个月后，班级管理“一地鸡毛”，这些班干部的积极作用非但不能有效发挥，小苏老师还要时不时地处理班干部与学生之间的矛盾。班干部形同虚设，班级管理情况非常不理想……苏老师真是“身心俱疲”。

**情境分析**

## 班干部要“选拔”

苏老师第一年工作就担任班主任，接手的又是一个一年级的班，这对她来说着实是挑战。虽然苏老师干劲十足，做了很多的学习工作，也很努力，但在实际的班主任工作中还是处处“碰壁”，问题重重，究其原因有以下两点：

### 一、班干部不是人人都能当

班干部作为班主任管理班级的得力助手，在班级管理中发挥着巨大的作用，班干部队伍中的每一个岗位都有它的用人要求。每一个孩子都有自己的长处、优势，有自己的独特之处，但并不是人人都适合当班干部。所以在组建班级之初，班主任需要观察每一个学生，从多方面去了解学生，去发现班干部人选、班干部苗子。在充分了解孩子各方面情况之后设定选拔班干部的标准。显然，苏老师在新接手班级的时候，并没有这么做，而是随便指定了几个在她看来“很积极的”学生担任班干部，并没考虑他们是不是合适的班干部人选。作为一个新入学的一年级孩子，对小学生活感到新鲜，他们从小受父母、老师影响，觉得当班干部是一件很了不起的事，都想当班干部。所以，苏老师仅仅以“积极”作为标准，觉得谁都可以当班干部，显然有些简单草率了，并没有考虑学生自身的能力如何、是否能胜任班干部……即对班干部选拔的标准不明确，这样就容易导致班干部队伍在管理班级的过程中“漏洞百出”“状况连连”。

在进行班干部的选拔时，班主任心中一定要有明确的标准、要求，一定要进行观察，发现各种班干部人才。班主任更多地要去观察学生的方方面面，从综合的角度去了解班级的每一个学生，在完成前期工作的前提下，再通过适合的选拔方式，遵循一定的选拔原则，选拔、组建新的班干部队伍。

**二、班干部要人人都来选**

在一个班级中，班干部需要通过选拔而产生，班主任任命的班干部由于缺乏群众基础往往得不到同学的配合和支持。苏老师班级中的班干部是她指定的，并没有让学生都来参与选拔。这也就会容易产生后续班干部管理中的一系列问题。老师指定与同学们进行选拔并不等同，也许老师指定的人选并不是同学们心目中的合适人选。虽然苏老师刚接手新班级，临时指定班干部也能理解，但可以事先和同学们做好说明，临时的时间是多久，什么时候进行正式选拔，选拔标准是什么，何时进行正式任命等，而后择期进行选拔。班干部的产生，一定需要有选拔、评选的过程。

根据每一个班级的实际情况，结合班主任自身的带班经验，班干部的选拔可以采用不同的方式。班主任可以根据实际情况，选择适合自己班级的选拔方式，以期选举出能力最强的班干部队伍，可以更好地协助班主任管理班级。

**案例分享**

**做好岗位整体规划，班级管理有“新气象”**

最近，学校设立成长三十岗，这些岗位中有涉及班级管理的，如晨间小领读、午餐小管理员；也有涉及学生自身能力培养的，如书报分发员、校长小助理、校园保洁员，沈老师在迷茫中找到了班级管理的新途径。

第二天，沈老师拿着学校下发的《学生成长护照》，亲切地说：“同学们，学校要在全校开展岗位竞聘活动，你们想试一试吗？”一石激起千层浪，只听见底下“炸开了锅”。有些同学忍不住“喊”起来：“想——老师，学校都设置了哪些岗位呢？”沈老师神秘地“扬了扬”手里的《学生成长护照》，台下的同学纷纷催着老师说，连平日里一些不太积极的孩子也瞪大了眼睛，盯着她手中的《学生成长护照》。沈老师从同学们那渴望的眼神中读出了“老师，我也想试一下”“老师，我想报名”，内心不禁一阵“窃喜”。

第二天，沈老师将本次竞聘的 30 多个岗位以及职责，一一打印出来，张贴在了班级后面板报的宣传栏里。同学们一下课，就拥过去看，纷纷跃跃欲试，都想一展自己的才华。看着大家积极性这么高，沈老师心中渐渐有了底气。临近放学，沈老师准备走时，突然发现走廊里有一个小脑袋在朝办公室张望。是小艾！这个小艾一直是班中的“大难题”，做事拖拖拉拉，早晨到校迟到那是“家常便饭”，但面对“班干部”岗位的那份荣誉，他也“蠢蠢欲动”心生羡慕，虽然明明知道自己无法触及，但心中总还留有一丝希望。这次班级岗位竞聘，也让他看到了实现内心渴望的机会。

“老师，这次班级岗位竞聘，我也想试试！”“你觉得哪个岗位适合你呢？”“我想试试‘班级值日班长’这个岗位，可就怕竞争的人太多，没有机会！老师，能不能给我一次机会，我上学总是会迟到，我想用这个岗位督促自己每天早点来学校，让同学们看到一个不一样的我！”

没有想到，一个小小的岗位竟然会有这么大的吸引力，让小艾这样的学生也激起内心的渴望。“老师答应你可以试试，可你也要严格要求自己，要改变同学对你的看法，必须从改变自己开始！你有信心做到吗？”“谢谢老师，我会努力的！”

第二天，小艾没有迟到，作业虽然批了好几次，但总算在放学前全部完成了，小艾的所有表现沈老师都看在眼里。接下来的一个星期，小艾虽然还是那么不起眼，但能看到他的努力，作业一次比一次交得勤快，虽然还是会被老师退回来，但他没有灰心，订正好就马上交上去！在第一批岗位名单公布时，小艾赫然在列——“班级值日班长”，周围的同学虽然也有异议，但更多的人看到了他的变化，也相信他能做好！小艾也特别高兴。

小艾同学只是班上的一个缩影，岗位竞聘半个学期一次，让更多的学生能够得到锻炼，体验到不同的责任，班级管理层也不再是那几张老面孔了。年轻的沈老师开始意识到在班级管理的路上，退一步，让一步，才能跨一步，带着这帮孩子也越走越踏实。

## 解决策略

### 选拔班主任的“左膀右臂”

一个班级的班干部对于班主任管理班级来说就如同“左膀右臂”，一个优秀的班干部团队可以让班主任在班级管理的工作中更加得心应手，可以让班级管理工作事半功倍。所以，做好班干部的选拔显得尤为重要。

**一、选拔有方式**

在一个班级中，班干部可以通过选拔产生，但班主任可以根据实际情况，选择适合自己班级的选拔方式，以便选拔出最强的班干部队伍，可以更好地协助班主任管理班级。

（一）直接任命式

这种班干部的选拔方式是指班主任根据自己多年的带班经验，以及“火眼金睛”，在接班之初就物色出最适合做班干部的人选，而后直接任命，简单地走个形式之后就让学生上任。一般多适用于起始年级（一年级），这样可以让班级快速步入正轨，开学初期就可以有条不紊地开展各项工作。不过采用这种方式，因为一开始班主任也并不是非常了解学生，根据自己的经验选出的班干部人选未必合适，也不一定是同学们心服口服的班干部人选，所以，可能会在班干部后续管理班级中出现一些状况，遇到一些麻烦。

（二）自我推荐式

这种形式是学生根据岗位需求及自我能力进行自我推荐，即“我选我”的方式。在全班公开竞选演讲，当众唱票，宣布统计结果，得票最高者当选。这种方式能够选出最有群众基础的班干部，也给予学生更多的自我表现机会，鼓励有能力的同学勇敢挑战自己，充分调动全班同学参与班级管理的积极性，也培养同学们的民主意识和参与意识。不过，这时候有可能会出现“老好人”同学当选，会对后续培养带来一定的难度。

（三）师生推荐式

采用同学或前任班主任推荐班干部的方式，全班同学可以推荐自己心中最适合的班干部人选，而后挑选票数最高的前十位作为候选人，全班公开投票、唱票，根据班干部的人数要求，票数最高的几名同学当选。这种方式可以用在班主任刚接班的时候，同学们经过长时间相处，选出来的班干部也许会比较得人心，可以让班主任在接班后的班级管理快速进入正轨，后续可以进行调整。

（四）“一班两轨制”式

这种选举方式是指一个班级选出两组班干部，互相监督。全班选举出大家相对比较信任的两组班干部队伍，然后这两支班干部队伍按单周、双周轮流“执政”，进行班级管理，而后择优给予奖励。

## 二、选拔有原则

（一）知人善任

每一个孩子都有自己的擅长之处，同样也有自己的“短板”，班主任在进行班干部选拔的时候要遵循知人善任的原则。

班主任要带着一双“慧眼”，在前期各方面观察、了解学生的基础上尽可能做到知人善任。在选拔班干部的时候，综合考量学生的综合素质，在不同的班级管理岗位上安排合适的班干部人选，让每一个班干部在岗位上发挥作用。

（二）唯才是举

在班干部的选拔中，班主任要遵循“外举不避仇，内举不避亲”，做到唯才是举。对于班级中真正有管理才能的学生，要积极鼓励他们加入班干部团队。班主任有时候在班级选拔中往往更多关注学习成绩好的学生，但其实在班级中，每一个学生都有自己的优势、劣势，班主任在选拔班干部的时候，应该更多地去看各个班干部管理岗位是否适合学生，学生是否有能力做好，而不仅仅是看成绩是否优秀。在班干部选拔的时候尽量做到唯才是举，让更多学生有机会挑战自己。

（三）客观公正

在进行班干部选拔时，一定要遵循客观公正的原则。班主任无论选择哪一种选拔方式，都必须做到客观公正，所有的选拔事项都要公开透明，要让全班学生参与其中，并监督整个选拔过程。同时，不因任何的主观、客观因素、关系等影响整个选拔过程的客观公正。

（四）尊重自愿

当然，在整个班干部的选拔过程中，也需要遵循尊重自愿的原则。因为毕竟面对自身有能力做班干部的学生，而他没有做班干部的意愿，不愿意参与班干部的选拔，这时候硬让他做班干部，就如同“强按着牛头吃草”，是没有任何意义的。即使他被迫同意做班干部，对于他来说，做自己并不愿意做的事是没有主动性的，也是做不好班干部工作的。班主任在选拔班干部的时候要尊重学生，要以学生自愿为原则。

**三、选拔有标准**

每一个孩子都有自己的优势，有自己的独特之处，所以在组建班级之初，班主任更多的是要观察每一个学生，从多方面去了解学生之后，再设定选拔班干部的标准。

（一）品德表现

面对一个班集体，班干部需要有好的品德，否则不可能把工作做好，也不会认真做好。例如，班干部要勇挑重担、有担当、为人真诚、诚实、关心集体、乐于为他人服务……这些都是班干部必须具备的品质，因为这是他们做好班级管理工作的前提也是保障；否则，能力再强也是做不好工作的，无法胜任班干部的岗位。

（二）能力表现

每一个学生都有自己的能力，但能力表现会有所不同，例如：组织能力、观察能力、协调能力、沟通能力……要做班干部，做好班级管理者，必须具备相关的能力。所以，班主任必须通过前期的观察去发现更多有能力的学生。毕竟，一支能力够强的班干部队伍才能更好地协助班主任完成班级管理工作。

（三）自我表现

在选择班干部的时候，还要看学生是否能时时处处以身作则，发挥表率作用。因为如果成为班干部，成为班级管理者，那就一定要以身作则，在同学们的心目中有威信，同学们才会信服。否则，自己的各方面表现不优秀，也就起不到表率作用，相反还会在班级里起“负”作用，给班级带来负能量。

班主任在面对一个新的班级时，可以先结合之前班级的班干部情况组建新班级的临时班干部团队，而后班主任可以从多方面观察学生，从综合的角度去了解班级的每一个学生，然后通过合适的选拔方式，遵循一定的选拔原则，结合选拔标准，组建新的班干部团队，打造班干部管理团队。

### 四、选拔有流程

#### （一）确定名单

在班干部的选拔过程中，首先要通过选择合适的方式确定好候选名单，一般候选人的人数要多于班干部的人数。

#### （二）竞选演讲

在确定好班干部候选名单后，利用班会课进行班干部竞选演讲，每一个候选人在班级进行竞选演讲，展现自己的风采。

#### （三）民主投票

全班同学认真听每一个候选人的竞选演讲，而后根据自己平时的观察了解，公开进行民主投票，选出自己心仪的班干部人选。

#### （四）公开统计

全班投票之后，立刻由学生现场公开唱票，统计每一个候选人的得票情况，根据班干部的人数，得票数最高的几名同学入选。

#### （五）任命仪式

对于入选班干部的同学，班主任利用晨会或班会课的时间举行隆重、庄严的班干部任命仪式，颁发聘书。每一个入选的班干部发表简短的就职演说。

## 问题 2 如何让班干部真正地在班级管理中发挥职能作用，成为班主任的“左膀右臂”？

李家成博士曾经说过：班级建设需要引导学生参与班级生活的自我维护中。而一支能力强、素质高的班干部队伍在班级管理中是非常重要的。班干部选拔出来后，班主任就撒手不管了，那一定是最没效率的班干部团队。那么，班主任在前期组建班干部团队之后，如何加强对班干部队伍的培养，让班干部真正在班级管理中发挥职能作用，成为班主任的“左膀右臂”呢？

### 问题情境

**班干部队伍“一锅粥”**

苏老师是一位教龄 5 年的教师，做班主任也有两年了，这次她新接手了一个四年级的班。她请教了之前的班主任，想着之前的班干部已经做了这么久了，也有经验了，就不用再“费劲费力”地重新组建班干部队伍了，所以她决定班干部队伍维持原班人马。就这样，苏老师把班干部原班人马一起叫过来，跟他们说了一下自己的决定，然后觉得一点变化都没有也不太好，于是，就问了问他们的想法，对他们各自的岗位做了一点调整，原班人马就这样“走马上任”了。一开始，苏老师也没觉得有什么不妥，但整个班级并没有如苏老师所预想的那么“有序”，时不时地就会出现早读吵闹、大课间带队不知道由谁负责整队、眼保健操有时候没有人管等一系列问题。而且，各任课老师也频频向苏老师“告状”，反馈班级乱糟糟、上课纪律差，任课老师管理时，班干部会和老师“顶嘴”，闹不愉快……这一切着实让苏老师生气，找来班干部，不由分说就是一通批评，并且警告他们，如果班级管理还是这样一团糟就让他们全部“下岗”。班干部们也是一脸的茫然、委屈，走出办公室，他们就互相埋怨起来，彼此都有很大的情绪，开始“掐架”，都是一肚子的“火气”。有同学报告苏老师，苏老师对他们又是一通批评。

苏老师也是窝着一肚子的火，想着之前听前任班主任说这些班干部好像都还不错，现在留任他们继续做班干部，应该比之前做得好才对呀，毕竟今年会比之前更有经验嘛。没承想，他们这么“不争气”，这么“无能”，这真是让苏老师很生气。

事后，苏老师加强了对班级的巡视，发现被自己严厉批评后的班干部队伍似乎更加“无能”了，“懒得管”“不想管”“不会管”的现象更严重了。苏老师很是疲惫，原本想着可以“偷个懒”，想着有自己的“左膀右臂”——班干部队伍在，他们可以成为自己管理班级的“好帮手”，结果却给自己带来了更多麻烦，班干部队伍乱成了“一锅粥”，根本发挥不了职能作用。

**情境分析**

## 班干部需要“培养”

像苏老师这样，接手新的班级沿用之前的班干部队伍的情况很多，也无可厚非。当然，不一定就是苏老师沿用“原班人马”才会遇到班干部不发挥职能作用的问题。也许，苏老师组建全新班干部队伍也会遇到这样的问题。关键在于，班主任如何培养班干部，如何让班干部真正地在班级管理中发挥职能作用，成为班主任的“左膀右臂”。苏老师所带班中班干部队伍出现这样的情况，究其原因主要有以下两点：

### 一、班干部职责没有明确

苏老师在班干部上任前，只是一味地“想当然”，自以为是地认为之前的班主任已经培养过“原班人马”了，就不需要再对他们进行上岗前的培训，也不需要再进行职责要求的明确……殊不知，新的学期，新的开始，即使是“原班人马”，学生都是一个个鲜活的个体，经过一个假期，他们会成长、会变化、会遗忘……不能“以不变应万变”。班干部必须明确自己的岗位职责，否则他们各自负责什么都不清楚，导致在班级管理中出现无人管理或者互相推责的情况……那不就是“一锅粥”，会“乱套”吗？

## 二、班干部管理没有方法

小学生的管理能力相对比较弱，且不会自动形成。而且受我国传统“官本位”思想的影响，小学生在担任班干部的动机和做法方面都存在不少偏差。这些原因导致班干部在管理中出现服务意识不强、不公正、方法简单粗暴等现象。班干部不能仅仅使用而不培养，小学生尤其如此。而班主任是学生成长路上的“重要他人”，是学生成长路上的“引路人”。班主任要有培养学生自主管理班级的意识，注重培养学生自主管理的能力，但这并不是说班主任就可以当“甩手掌柜”了，班主任始终应该和学生在一起。学生成为主人，班主任成为学生成长背后的“导师”，时刻关注班干部的工作情况，在他们遇到困难、出现问题、需要帮助的时候能及时出现，给予指导和帮助，陪伴他们一起解决问题。而苏老师简单地认为，“原班人马”都有经验，不需要指导，不需要教方法等。殊不知，学生遇到的问题是各种各样的，班级情况也是会发生变化的，不能“刻舟求剑”式地“想当然”。

苏老师对班干部只是一味地严厉批评，一味地提“要求”，抱怨他们的“无能”，甚至以“撤职”相“威胁”，没有和他们站在一起，没有去了解，也没有和班干部一起讨论、分析、寻找原因，一起想解决办法、策略等。换言之，苏老师既没有给予学生工作方法的指导，也没有教他们具体的实践方法等，这样又如何能够培养学生的能力？又如何能够让他们发挥职能作用？

**案例分享**

### “私人定制”——阳光午餐“管理秘诀”

张老师是一位很有智慧的班主任，她带的班级各项管理都井井有条。对于每一个班干部岗位的职责，她都会有自己“私人定制”的“独门绝技”。

在张老师的班级里，中午学生在食堂里就餐就是一道美丽的风景。每一次接手新的班级，在第一天的上午，张老师就会结合原来班主任的推荐、同学的反馈以及自己一上午的观察，根据各桌的实际需要及学生的实际情况，选出富有责任心的同学担任班级午餐“桌长”，全权负责班级午餐的管理与评价、反馈。

“桌长”定下之后，张老师就会引导每一桌的同伴考虑每一个同学的实际情况，结合同学的个性特点、平时表现等，通过讨论，做合理的分工。每一桌除了有全权负责管理评价的“桌长”，还有负责拿饭菜盘的、分汤的、分发筷子的、打扫的……这样每一桌的成员就能够各司其职，每一个人都能明确自己的工作职责，每一个人就拥有了一份责任。张老师做的这些正是班级学生实行午餐自主管理的准备工作，否则的话，学生午餐自主管理只能是空谈。

当然，在做好这些准备工作之后，张老师知道“桌长”们虽然有简单的上岗前培训，但实际上任时，他们一定会感到困惑，会无从下手。所以，一开始张老师会亲力亲为，自己协同“桌长”一起管理午餐，并在这个过程中对“桌长”进行午餐管理的实践指导。例如，本桌如有同学在用餐中吵闹，“桌长”可用手势、眼神等提醒对方；路队中有同学违反纪律，“桌长”要上前制止；盛汤过程中成员之间彼此合作要默契；收拾餐盆碗的同学之间要配合好；有的同学饭量小，但拿到的饭特别多，这时饭量大的同学要帮助饭量小的同学；有成员因为身体原因不能来食堂用餐，本桌成员要帮忙将饭菜、汤、筷子送到教室；有的同学吃得特别慢，其他同学要一起用行动去影响他、帮助他；班级提倡光盘行动，每一桌各个成员之间相互影响，都要以光盘为骄傲……就在这样的实践指导过程中，“桌长”的管理能力逐渐提高，各桌成员的合作也更默契，学生的午餐也变得安静、有序、优雅。

同时，张老师事先设计打印好了每一桌的午餐评比表。午餐结束后，引导每一桌同学在“桌长”的组织下，从路队、就餐、光盘三方面，一起对桌上的每一个成员的午餐情况给予公正、客观的评价，并且将本桌上午餐特别好或有进步的同学写进“表扬单”，张贴于黑板“表扬角”中，使其成为大家学习的榜样。

张老师为学生“私人定制”的阳光午餐自主管理“独门绝技”真的是非常厉害，难怪她所带的班级，在食堂用餐永远都是老师不用在场学生们就能做到自主管理，成为一道亮丽的风景，令人赏心悦目。

当然，张老师会对每一个班干部的岗位职责进行“私人定制”，让每一个担任班干部的同学都能对自己的岗位职责有明确的认识，以此让每一个班干部都能在自己的岗位上发挥职能作用，成为班主任的“好帮手”，在助力她管理班级的同时，让班级充满成长的气息。

**解决策略**

## 老班“左膀右臂”的修炼手册

华东师范大学李家成教授曾经说过：班级建设需要引导学生参与到班级生活的自我维护中。而一支能力强、素质高的班干部队伍在班级管理中是非常重要的，对于班级的管理有着重要作用。

班干部选拔出来后，班主任就撒手不管了，那一定是最没效率的班干部团队。所以班主任在前期组建班干部队伍之后，要加强对班干部的培训，发挥他们的职能作用，提高管理效率，让他们真正成为班主任的得力助手，更好地协助班主任共同管理好班级。有时候班主任会意识到要去培养班干部，但是，往往班主任“知道”归“知道”，具体怎么去做还是一头雾水，茫然不知。

**一、岗前培训，教给方法**

班主任在组建班干部团队后，上岗之前一定要进行培训。这是班干部团队能够履行好工作职责的重要保障。对每一个班干部的岗位工作，都要做出明确的要求，并教给他们一些方法、策略，即进行实践操作的培训。例如，学习委员负责每天早读管理，要在7:35之前到校，7:40准时开始早读，每天需要提前把当天早读内容写在黑板上；劳动委员负责每天放学后的值日生卫生检查工作，对于地面、桌椅、窗台、讲台等都要检查仔细……这样，可以让他们顺利地完成自己职责范围内的工作任务，也让他们清醒地意识到自己肩负的责任重大。

**二、分工明确，团队合作**

班级管理中所涉及的事情很多，要对班干部做好分工，让他们明确自己在哪个位置，具体做什么。分工安排切忌笼统抽象，一定要具体可感，让班干部知道究竟要做什么、怎么做。如此在管理整个班级的时候才能更加顺利，不会出现混乱。比如，值日班长负责全面协调工作；副班长负责日常纪律、点名工作；学习委员负责早读管理；纪律委员负责课前纪律管理、午自习管理；劳动委员负责每天班级的卫生工作，包括放学后的卫生检查工作……每一个班干部都要明确自己的工作职责，每一个班干部都要明白自己的工作内容及要求，每一个班干部都要做好自己的本职工作。同时，班干部要及时向班主任反馈工作情况。

管理一个班级需要每一个班干部的共同努力，需要一个管理团队的相互配合，彼此合作。在大家各司其职的基础上，班干部队伍也是一个团队，彼此之间要学会相互合作、相互帮助，共同协助班主任做好班级管理工作。比如，在我的班级中，每一个班干部都做好自己的分内工作，并及时把情况反馈在黑板上，认真地填写好班级日志。而当有班干部生病或有事请假的时候，班长会及时安排其他班干部人员顶替，整个班干部团队的运作井然有序，彼此之间相互合作，发挥团队合力。

**三、权力下放，大胆尝试**

在班干部队伍培养的过程中，班主任要学会“权力下放”，需要给予班干部必要的“权力”，让他们拥有合理的自主管理权，让他们更多地参与到班级管理中来，这样能更好地发挥班干部管理工作的积极性、主动性。

班主任需要引导班干部严格要求自己，平时做到以身作则，让他们真正成为同学们学习的榜样。同时，在班级中尽可能地创造更多的锻炼机会，让他们在全班同学面前多“露脸”、多表现，在这样的过程中不断地树立班干部的威信，让他们成为同学们信任、信服的团队。

**四、一视同仁，赏罚分明**

在班干部的培养过程中，发现做得特别好的班干部，班主任要善于及时地进行鼓励与表扬，在班级中树立典型，营造积极向上的舆论氛围。当然，如果班干部犯了错，就应该严肃批评，对于严重不作为的班干部甚至可以撤职，这样在班级内形成人人平等，没有“特殊学生”的环境气氛。比如，我们班在实施学生的考核中对班干部的要求更加严格，班干部违纪要双倍扣分。同学们对这种做法也是赞成的，这样就能更好地监督班干部，真正起到互相监督的作用。在这一点上，班主任绝对不能手软，对待学生要一视同仁，绝不能因为他们是班干部就“网开一面”，应赏罚分明，循循善诱，这样才能使班干部健康地成长起来。

**五、轮流上岗，挑战自我**

在班干部的培养过程中，可以进行轮岗，这样对现有的班干部队伍也是一种促进，让他们有一种危机意识，同时能够让更多的同学拥有锻炼、挑战自我的机会，也让真正胜任班干部工作的同学实现“能者多劳”，拥有更多的表现机会，不断地完善自我，做更好的自己。

班主任应该成为班干部成长路上的默默“陪伴者”，在成就学生的同时也成就自己。

## 问题3 高年级学生不愿当班干部，班主任该怎么办?

学生到了高年级，学习压力逐渐增加，学业负担也逐渐增加，加上学生自我意识的提升，这时候班干部可能会出现懈怠或者不愿意干等情况。那么，班主任面对高年级学生不愿意当班干部的局面，该如何“破局”呢?

### 问题情境

**老师，我要“辞职”**

苏老师是五年级的一个班主任，担任班主任至今已有10个年头了，一直感受着班主任的苦与乐。星期一的早上，他和往常一样早早来到办公室，走到办公桌前，眼前出现的是一个写着“苏老师亲启”的信封。苏老师一脸的茫然、纳闷，心想：谁给自己写的信呀？怀着好奇，苏老师打开了信封，一看原来是劳动委员小洲同学的“辞职信”。信中写着“苏老师，我要辞职”，表达了自己不想当班干部的想法，以及自己做班干部的一些“苦水”……要知道小洲可是苏老师的得意门生，学习成绩好，工作能力又强，做事细心周到，不怕苦不怕累，凡是交给他的事，都会做得妥妥的，那可真是苏老师的“得力助手”。苏老师看完小洲同学的辞职信，真是“五味杂陈”。苏老师单独找了小洲，跟他进行了沟通，了解了他要辞职的原因。小洲告诉苏老师，当个班干部真是“吃力不讨好”，有时候看到同学桌椅旁有垃圾，好心提醒同学，换来的是“要你管”；有时候看到周围同学上课吵闹讲话，一开始作为班干部还会好意提醒，结果被同学“骂”、被同学“怼”——“你又不是纪律委员”，后来也不高兴管了；有时候值日生不好好做值日，还要帮着一起做，检查“严格”一点还要被大家“误会是针对他们”；而且他妈妈还给他报了课外辅导班，要好好准备参加一些名初中的提前招生“考试”……他觉得自己牺牲学习时间为班级同学服务，为班级服务，可是似乎同学们根本不尊重他的劳动成果，也并不理解他的工作，而且因为做了班干部，会参与很多班级管理工作，他的学习时间本来就紧张，已经影响到他的学习……所以，他要辞职，不想当班干部了，况且家长也反对他当这个班干部，态度很是坚决。苏老师怎么劝都没有用，他就是要辞职。

这可真是让苏老师感到为难，班里还有谁比小洲同学更适合这个班干部职位呢？而且苏老师也担心，一旦这个“辞职”的“口子”开了，其他的班干部也“效仿”……苏老师很是烦恼。

**情境分析**

### 班干部“不好当”

苏老师遇到的同学不想当班干部的情况，究其原因主要有以下 3 点：

**一、自身没动力**

随着年级的升高，学生面临的各种挑战、压力逐渐变大。当班干部势必须花费一定的时间履行自己的岗位职责。有时候作为班干部，他们在行使“权力”的时候，会遭遇同学们的“冷言冷语”，不理解、不支持，导致班干部会产生各种担忧，如担心因班级管理的事耽误自己的学习，忧虑自己因“管”同学而受到同学们的排挤，害怕自己“管”同学，在期末评选时得不到大家的支持……长此以往，班干部队伍就会“形同虚设”，慢慢地，班干部自身的动力会逐渐消失，出现各种原因的“不作为”，仅有的一点热情、动力也会消耗殆尽，甚至到最后就会像小洲同学一样干脆辞职不干了。

**二、家长不支持**

在应试教育的大背景下，在整个社会大环境中，学生都无法抛开学习成绩，无法不看重“分数”，随着孩子的年级越高，这种情况也越明显。家长对于孩子担任班干部并不支持，觉得孩子做班干部，会“浪费”很多学习时间，孩子的精力也是有限的，有时候会因忙于班级事务而没有精力顾及学习，有时候因为要帮助一些成绩暂时落后的同学，弄得自己的学习都受影响了，成绩也下降了，还有的家长会给孩子报一些课外辅导班，有时候班干部放学后还要留下来做一些工作，影响去外面上课……这样的“大环境”也让家长并不支持孩子当班干部。小洲同学的家长也反对他继续做班干部。家长有这样的态度，也就不难理解为何小洲同学的辞职态度如此坚决了。

**三、学习压力大**

面对越发紧张的学业压力，在班级新学期的班干部选举中，很多有能力的同学也都会选择不参加“班干部竞选”。高年级学生觉得学习压力太大，没有时间、精力去当班干部，还不如把这些时间、精力用在学习上，提高自己的学习成绩，努力考进好的初中才是“正道”。就像苏老师班的小洲同学，自身的学习压力已经让他感到紧张，喘不过气了，再做班干部，管理班级“琐碎事务”，觉得太“烦”了，压力太大了。

**案例分享**

### 为班干部们卸“包袱”

新学年，钱老师接手五（1）班，跟往常一样，她准备在第二周的班会课上举行班干部竞选。钱老师事先在班级内发布了通知：“下周要进行班干部竞选，请每个同学积极参与，想参加竞选的同学先到班主任处报名。”然而，令钱老师意外的是，两天过去了，主动来报名的学生寥寥无几，而且报名的几位都是平时班级内表现一般、能力不强的学生，几个她看好的能力强的学生好像并没有参加班干部竞选的意愿。钱老师决定找这几名同学谈一谈，了解一下原因。

钱老师决定先找上一任班长小阳。小阳同学成绩优秀，能力出众，在班内威信高，从一年级到四年级一直是班长。钱老师找她了解没有报名参加班干部竞选的原因时，她一开始说：“我做了四年班长，今年想把机会让给别的同学。”“那可以竞选别的岗位呀。”小阳支支吾吾地说不出个原因。钱老师没有放弃，又跟小阳聊了很久，最后终于问出了原因。原来小阳觉得到了高年级，想把精力都放在学习上，做班长事情很多，要花费大量的时间，她怕影响学习成绩。钱老师又找来学习委员小薇了解情况，小薇是个直爽的姑娘，她说：“老师，不是我不想竞选，而是当班干部压力很大。我以前是做学习委员的，学习成绩好吧，也就没什么问题，偶尔我成绩有点下滑，班级里总有几个男生冷嘲热讽，说什么成绩不好还当学习委员，羞不羞啊。老师，你看我还不如什么都不干，管好自己，落个轻松。”钱老师又找了几个学生，了解到的情况基本差不多，不是说怕影响学习，就是觉得当班干部吃力不讨好，没什么意思。

了解了原因，钱老师决定推迟班干部竞选，先纠正一下班级里学生的错误观念，再选举班干部。首先，她在晨会课上，临时任命了一些班干部，这些临时班干部中就包括那几名特别喜欢说别人坏话、嘲笑别人的学生。她想让他们几个人明白做班干部的辛苦。而那几名觉得当班干部影响学习成绩的同学，钱老师也尊重他们的意见，没有给他们安排班干部任务。

由于临时班干部的能力和经验不足，很多事都需要钱老师亲自处理。她一边教代理班干部怎么做，一边不忘帮助那几名不愿做班干部的学生纠正观念。她利用晨会课，请学校少先队几位大队委来跟大家分享自己的经历。这几位大队委可真是大忙人，他们要兼顾自己的学习、班级的工作和学校大队委的事务，忙得不可开交。可是他们却可以从容应对，因为他们会合理安排时间，懂得将时间利用起来，更重要的是，他们讲到自己做的这些事，能够帮助全校的同学，为大家服务，他们就觉得特别有意义，累一点也值得。看着他们自信的表达、大方的言谈和超高的效率，小阳等几名同学都流露出了钦佩的表情。钱老师知道，小阳他们几个心动了。

一个月后，班级正式进行班干部竞选。班会课上，钱老师先让代理班干部谈谈这一个月的班干部感受。几位代理班干部都讲了很多，特别是那几名喜欢嘲笑别人的男生，吐了一大堆苦水，首先他们承认自己做不了班干部，因为自己的学习任务都很难按时完成，更没有时间去督促别人。他们也体会到了班干部的辛苦，为自己曾经的不当行为道了歉。正式开始选举了，小阳第一个上台发表了她的竞选演讲……

## 解决策略

### 为班干部“充电、赋能”

班主任在培养班干部时，要知道班干部队伍是一个团队，这个团队是需要管理的，班主任更多的是需要在幕后做一些工作，来管理好这个班干部团队，随时随地为这支队伍“充电、赋能”，让他们能够有足够的力量、能量去应对班级管理中的各种烦琐“班务”，让这支队伍的工作更加有效。班主任要想一些“招数”做好班干部队伍的管理，让这支队伍“永葆活力”，永远“元气满满”。

六（10）班班主任钱老师就是这样一位“智者”，她的班干部队伍总是充满激情地投入班级管理工作，他们相互合作、配合，即使钱老师不在，班级里也是“秩序井然”，班干部队伍会把班级带得井井有条，让同年级的班主任都羡慕钱老师有一支好“队伍”。当然，在羡慕之余，也很好奇钱老师到底有啥“法宝”，可以让这支队伍那么给力。大家发现，每周五午休时，钱老师总是不在办公室里，不知道她去哪里了。后来，大家知道了，原来每周五午自习前的半小时，是钱老师和班干部队伍的“单独约会”时间。钱老师会利用中午的时间，让班干部进行一周的工作总结，对一周的情况进行梳理、总结，表扬肯定他们做得好的地方，提出问题，指出有待改进的地方等。班干部各抒己见，对自己的管理工作进行总结，提出困惑或问题等，一起讨论解决。当然，钱老师还有秘密“武器”，结合自己一周对班干部队伍的观察，以及侧面从同学那里了解到的反馈，对于工作努力、肯干又有方法、成效又好的班干部，钱老师会有额外的“奖励”。这是一张由钱老师亲手设计的“个性明信片”，上面还会有钱老师的亲笔留言。班干部们在这样轻松自在的氛围中，感觉很舒服，而且还能得到班主任老师的肯定与鼓励，还有“独一无二”的“奖励”，他们会觉得只有自己做班干部才能享受这样的“待遇”，干劲就更足了，大家都铆足了劲要为班级服务，为同学们服务，每周五钱老师总是给班干部们“充电”，为他们“赋能”，让他们“元气满满”地投入新一周的工作。而且，班干部的额外“福利”也让班级里其他同学羡慕不已，班干部成了班里的“香饽饽”，大家都争着、抢着要当。所以，每个月钱老师都会重新进行班干部的竞选，形成“你赶我追”“你争我抢”的良好竞争氛围，正所谓“班干部路上能者上”。

## 问题 4　班主任与班干部队伍应建立怎样的关系？怎样合作做好班级管理工作？

心理学家威廉·詹姆士说过：“人类本质最殷切的需求是——渴望被肯定。”让更多学生做班级的小主人，有机会参与班级管理，并从中受到激励和鼓舞，使教育真正面向全体学生。班主任在进行班干部选拔的时候尽量做到“唯才是举”“公平公正”，让更多的学生有机会挑战自己。班主任与班干部队伍建立彼此信任、相互尊重的良好师生关系，彼此合作、配合，共同做好班级管理工作，发挥团队合作力量。

### 问题情境

## “老班”遇上新挑战

苏老师是五年级的一位班主任，这是她第五年带班了，但也是她第一年带高年级的班。之前苏老师所带的班级，孩子们很“听话”，能够按照老师的要求去做，别看几个班干部年龄小，但是很“能干”，管同学的时候可“凶”了，再加上苏老师很多时候“亲力亲为”，所以班级带下来让苏老师觉得很是欣慰，班级一切都井然有序。

苏老师作为班主任这几年带低年段的班级，也积累了一些带班经验。现在苏老师接的是一个五年级的班，看着这一个个“人高马大”的孩子，有的男生甚至比苏老师还高出一个头。苏老师一开始有点担心，有一些“发怵”。她尝试沿用一些之前的带班方法，但是实践证明之前在低年级带班的“那一套”经验根本不管用。

她这几天特别烦恼，觉得自己班的班干部很不“得力”。作为一个有一定带班经验的班主任，现在遇到了新难题。看着其他班级在班干部的带领下秩序井然，苏老师真是羡慕极了。再看看自己班级，班干部懒懒散散，让他们干点事情，他们总是推三阻四、互相推诿，批评几句还不乐意，甚至会“甩脸子”“闹情绪”，真是让苏老师“一个头两个大”。面对这一个个身高都快赶超自己的孩子，苏老师一筹莫展，不知道该怎么办。

### 情境分析

## 班干部队伍需要“跑起来”

苏老师班级中班干部呈现出来的问题，究其原因主要有以下3点：

### 一、本性的使然

随着时间的推移，当高年级班干部面对一个个班干部岗位的时候，之前的好奇和新鲜感已经慢慢地淡化，而且由于人的“喜新厌旧”的心理，时间长了往往会让学生对“班干部工作”产生懈怠心理。苏老师班级的班干部队伍显然就陷入了这样的一种懈怠状态。班干部当了这么多年，时间一长，他们就会不耐烦，甚至还会带头不遵守纪律、带头吵闹等，如此一来，同学们也会从心底里不服。

## 二、内驱力不够

我们都知道，人从事任何活动，总是由于其有从事这一活动的愿望。愿望是人对其需要的一种体验形式，总是指向未来能够满足其需要的某种事物或行动。它既表现为想要追求某一事物或开始某一活动的意念，也表现为想要避开某一事物或停止某一活动的意念。恩格斯说："决不能避免这种情况：推动人去从事活动的一切，都要通过人的头脑，甚至吃喝也是由于通过头脑感觉到的饥渴引起的，并且是由于同样通过头脑感觉到的饱足而停止。"所以，当一个人做某一件事情的时候，如果内心有强烈的动力的话一定能够把事情做好。在心理学上就是指动机，它是推动人从事某种活动的念头或愿望，通过激发和鼓励，使人们产生一种内在驱动力，使之朝着所期望的目标前进的过程。比如，苏老师班级中的班干部，随着时间的流逝，他们的被需要感得不到满足，导致他们内心的这种内驱力越来越弱，慢慢地对自己的工作就懈怠了。

## 三、外动力不足

班干部是班主任的"左膀右臂"，但这并不代表对他们就没有考核要求。班主任同样需要对每一个班干部的履职情况进行评价。评价是促进教育的一种手段，以评价促进学生的发展，是班级组织建设发挥积极功能的重要保证。丰富的评价，对培养学生独立评价能力，提高学生对同学间相处和班级生活中各种关系、事件感受的敏锐性，以及发展学生自我意识有很大作用。但是，班主任往往因为平时工作的烦琐、忙碌，忽视了学生岗位实践评价的重要性，在这方面出现敷衍应付的现象，而这种行为，往往就会造成学生面对工作的时候出现懈怠现象，马马虎虎，觉得反正做与不做区别不大，反正老师也不给予评价。这样时间一长，学生的工作热情就淡了，面对工作也自然应付了事。

可见，由于高年段学生的年龄特点，他们往往有更多自己的判断力，当他们的行为得不到及时的肯定、评价的时候，他们就会慢慢地失去对自己岗位的动力。外动力的不足，直接导致班干部对工作失去热情，影响班干部工作质量、能力的提高，使学生对班干部工作产生懈怠心理，觉得一切都无所谓。

**案例分享**

## 班干部的“一亩三分地”

苏老师在开学后的一个月，召开了一次班会，她要对本班班干部进行一次民主测评。当苏老师宣布活动主题的时候，班里瞬间“炸开了锅”。而当苏老师提到学习委员和纪律委员时，教室里各种声音都有。她暗暗地看向学习委员和纪律委员，只见学习委员一脸的诧异，而纪律委员则是一脸的不服。经过统计汇总班干部队伍测评情况，同学们对班干部队伍的平均满意度只有 30%，甚至有个别班干部的支持率只有 10%，这样的班干部队伍的“战斗力”“胜任力”是令人担忧的。

于是，苏老师找个别学生交谈，侧面了解情况。大家普遍认为，学习委员对班级不够关心，不太愿意做事，也不主动做事。有时候班级纪律不好（早读、眼保健操）、同学间有矛盾，她也不管，而且她总是以自我为中心……虽然她的成绩很好，但在同学们眼中，她只是一个成绩好的学生，但并不适合做班干部。苏老师仔细分析原因，发现她从一年级至今，次次都担任主要班干部，长时间的优越感让她觉得自己很优秀，觉得当班干部是理所当然的，至于是否要为大家、为班级服务并不重要。而对于纪律委员，大家普遍觉得她太“严苛”了，动不动就扣分。小贝生气地告诉苏老师：“老师，我就是自习课上跟后面的同学借个纸巾擦擦汗，她就扣我 10 分，也不听我解释……”

这一切，让苏老师敏锐地察觉到问题所在，于是，她马上召开了班干部例会，对他们提出具体的要求。针对学习委员，苏老师提出：首先，要严格管好自己，作为班干部就要做好他人的榜样；其次，要一视同仁，公平对待，要主动帮助、关心同学；最后，要树立威信，要让大家伙儿认同你。针对纪律委员，苏老师告诉他：管纪律要讲方法，如以后在自习课开始时就和同学们讲好规矩，说话的同学在一次提醒无效的情况下记名字，把名字写到黑板上，再不改者，名字记录到当天的值日记录单上，汇报给老师；如果有改进者，可以把名字擦掉，改进得好而且能坚持很久的同学可以给予表扬。提醒的时候可以先走到那个同学的座位边小声告知，这样既照顾了他的面子，也不影响其他人。规矩立下了就要做到位，不能放松，长期如此，既能帮助大家养成习惯，也能得到同学们的信服。

紧接着，苏老师在班上召开了班会课。她跟学生们说，班干部是大家民主选举出来的，说明大家对他们最初还是认可的，现在他们可能有做得不到位的地方，希望大家再给他们一次机会。

说完后，马上有学生站起来说："纪律委员其实挺负责的，管理班上纪律很辛苦，是我们班有些同学不听话，惹得纪律委员生气，她才会大发脾气。"纪律委员也主动跟一些同学道歉。

**解决策略**

## 班干部的"评价"

对于班干部的工作情况是需要进行考核与评价的，可以侧重于过程性评价，体现出教师与学生、学生与学生的平等对话，体现人本精神和人文思想。对于班干部的评价方式也可多元化，尽可能更全面、多方位、综合性地评价班干部的工作。

### 一、评价方式

（一）自评法

对班干部的评价，可以一周组织一次实践评价。先组织班干部进行自我评价，让他们首先对于自己所承担工作的完成情况进行一个自我评价，这对于学生来说也是一种自我反思、自我成长的方式。学生发现自己有待改进的地方，比别人指出来印象会更深刻。

（二）互评法

当然，我们都知道"当局者迷，旁观者清"。有时候学生也会看不清自己在工作岗位上的不足之处，这时候就需要学生与学生之间互评及老师对学生的评价，这样可以更全面地综合评价班干部的工作，也可更好地促进孩子的成长。

## 二、激励评价

当然，在评价的基础上，还要有一定的奖励机制来吸引班干部，让班干部有一种强烈的竞争意识。

### （一）岗位之星评选

在班级中，可以在班干部的评价过程中加入“岗位之星”的评选，让他们成为全班学习的榜样。

1. 每周评选班级的岗位之星

在班级中，组织学生进行每周的班级“岗位之星”评选。对于一周以来在自己的岗位上工作认真负责的同学授予班级“岗位之星”的称号。

2. 每月评选年级的岗位之星

在每周“岗位之星”评选的基础上，根据每个星期的评选情况，评选出年级的“岗位之星”。对于年级“岗位之星”，可以结合学校的工作要求，对他们的优秀事迹进行报道，同时张贴于学校的“年级秀”展板上，成为全年级同学学习的榜样。

### （二）利用各种平台进行宣传

对于在班干部岗位上工作做得特别出色的同学，可以利用各种平台进行宣传，让更多的人认识他们，关注他们。同时，也可以在班级中营造良好的学习氛围，形成正向的舆论，带动班级所有成员共同努力。让每个学生的个性和才能在集体中得到充分的表现，让学生从内心的深处喜爱自己的班级，感到自己需要班级，班级也需要自己，加强他们的班级荣誉感，真正把自己当作班级的主人。

1. 班级博客

可以利用班级博客，对班干部工作做得非常出色的同学进行报道，让他们的风采得到尽情展示。还可邀请家长共同关注博客，发表评论。

2. 班级表扬板

可以在班级黑板上开辟一个“表扬角”，让它成为班级的一抹亮丽风景。

对班干部工作完成特别出色或者有很大进步的同学给予表扬，将表扬单张贴在黑板的“表扬角”上。

3. 班级小小报

可以在班级的小报中开辟专栏，专门进行班干部工作实践的“明星事迹”报道，通过小小的板报，让所有的班干部明星成为同学们心目中名副其实的“明星”。

4. 阳光表情卡

可以结合学校下发的阳光表情卡，或者学校的各种评选活动，对学生不同的岗位给予不同张数的笑脸评价，这样通过阳光表情卡上笑脸的评定对学生的工作给予一种动力。

可见，在班主任工作中，班主任要学会通过正确的方法选拔培养班干部，提升他们的工作能力，让他们成为班主任的得力助手，协助班主任做好班级管理工作，让班级呈现良性动态发展，共同打造良好的生态班集体。

# 第三章 班规的制定与实施

班级是学校教育的基层组织形式，班规是班级管理的制度体现，现实的班级中普遍存在着运用班规来管理班级的现象。在学生的班级管理当中，班规起到了引导和规范的作用，但班规在制定与实施的过程中，往往只注重班规的规范功能，却忽视了育人功能。从最基本的目的来说，制定班规主要是培养学生的规则意识，从而养成良好的学习和生活习惯，形成良好的班风。一个好的班规，应该具有针对性、确定性以及执行性等特点，能够有效地建立起班级管理机制。因此，对班规制定与实施的研究就显得尤为重要。

## 问题1 班级中制定的班规可以“复制”吗？又该如何制定呢？

有的班主任说：“我的带班方法可以复制。”诚然，有些班主任在带班过程中积累了很多的带班方法、策略，有些方法可以被其他班主任效仿、学习，运用到自己的带班实践中。前辈们的带班智慧，可以给新班主任很多启示，让他们少走很多弯路。其中，制定班规也是很多班主任的一种带班方法。那么，班规可以“复制”吗？又该如何制定呢？

### 问题情境

**班规，谁来定？**

苏老师是三年级的一位班主任，今年是他第三年当班主任。在之前带的两个班级中，苏老师并没有制定班规，一个原因是他觉得没有必要，用学校的“一日常规”要求孩子们就可以了，班级一样可以秩序井然，何必再兴师动众地去搞一个所谓的“班规”？另一个原因是他觉得自己对于班规的理解很片面，不知道怎么去制定。毕竟这是一件很有挑战性的事，而且一旦制定了班规，后续还有很多的实施与执行的事情，会有一大堆麻烦事，也许还会增加自己的负担。出于这样的考虑，苏老师一直没有制定班规，也一直不看好班规在班级管理中的作用，对班规抱有怀疑的态度，当然，更不想增加自己的负担。

但是这一次，他带了一个三年级的班，这个班级与他之前带的班级最大的区别就是，这个班是全年级最“吵”的班。说起这个班，简直无人不知无人不晓。班级里男生占了三分之二，还有所谓的“四大金刚”“三大太保”“六人帮”…… 也许学校是看到苏老师是个男教师，所以安排他接手这个“烫手山芋”。苏老师没有办法，只有硬着头皮上，但他又想，也许这样安排是领导想让他锻炼锻炼，多磨炼自己，对自己也是一种成长。就这样，苏老师成了这个班的班主任。一开始，苏老师就被这帮孩子给“吓到”了，上课预备铃响对他们是没有用的，老师走到门口他们还在嘻嘻哈哈地聊天。苏老师很是生气，对学生们进行了严厉的批评。学生一开始还会慑于苏老师的威严，有所“收敛”。可是时间一长，学生就摸清了苏老师的“套路”不再买账。苏老师一筹莫展。

这时候，有老教师点拨苏老师，告诉他这样下去不行，对孩子们的要求一定要来自他们自身的需要，那才真的有用，否则只有老师一厢情愿是没有用的。苏老师想想很有道理，于是他想到，可以在班级里制定一套班规来约束学生的行为。

但是该如何制定班规呢？制定班规的流程是怎样的呢？苏老师又陷入了沉思。

## 情境分析

### 班规不应“一成不变”

苏老师原先班级制定的这一套很有效的班规，为什么换了一个班级就没法实行了呢？或者说为什么同样的班规内容就不合适了呢？从这个问题引申开来，我们就会发现制定班规过程中以及内容上存在的一些普遍问题。究其原因主要有以下 6 点：

**一、教师代劳**

很多的班主任都知道“没有规矩不成方圆”，班级的管理需要一定的规章制度来保障其健康、安全运行。所以，教师就会把自己认为学生哪些可以做、哪些不可以做，想当然地列出来，形成所谓的班规，并要求学生按要求去做。这样全权由教师代劳制定的班规，既不来自学生的真实需要，也不反映班级的实际情况，是很难落实的。

**二、信息过载**

有的班主任在制定班规的时候，因为对学生的要求比较严格，制定的班规纷繁复杂，事无巨细，用一张纸也写不完，用一节课也不能把 PPT 上的班规从头到尾讲完。我们作为成年人，都记不住这么繁杂冗长的班规，又怎能要求小学生记住呢？这样的班规最终只能形同虚设，成为“一纸空文”。

**三、缺乏个性**

班主任在引导学生制定班规的时候，没有提前规划，没有提前引导学生观察班级的实际情况，调查班级存在的问题，也没有充分了解班级学生实际存在的问题等，就直接让学生制定班规。一节课上制定出的几条规则就成为班规，这样的班规制定看似很“民主”，是学生与老师一起制定的，但是如果班主任没有做好制定班规前的准备工作，贸然让学生制定班规往往会让班规流于形式，泛泛而谈，不是真正来自学生的实际需要。班规的制定一定要建立在班级和学生的实际情况、实际问题上，即班规要指向班级实际问题的解决，指向对学生未来健康成长的培养目标。

## 四、形式单一

在班规的制定上，我们也发现很多班规的制定形式比较单一，大多数班主任会以文字的方式逐条逐条地列出来，班规的形式缺乏趣味性，对于小学生来说显得有些枯燥，没有吸引力。

## 五、表述模糊

在班规制定上，我们还发现有一些班主任往往出现语言表述不清或表述不当的情况，即采用模糊不确定的语言表述，常常表现为使用一些不可感知的抽象词语，如“学习态度端正，习惯良好”“以上条款如有违反，后果自负”等。那么哪种程度才称得上端正？怎样才算良好？违反了班规班纪，到底会怎样处理呢？面对这种班规，学生们往往手足无措。还有一些班规带有恐吓性语言，常常表现为居高临下的逼迫，如“望大家自觉遵守班规，如有违反，严惩不贷”这样的规定，听了之后不免让人感到胆怯，以此来要求小学生，也不利于学生的健康成长。这样的班规表述不清晰，要求不具体，会让学生有一种“丈二和尚摸不着头脑”的感觉，不知道自己究竟应该怎么做。

## 六、缺乏序列

我们都知道班规的制定要适合小学生的年龄特点和身心发展规律。小学生在生理、心理、品德等方面发展变化很大，不同年级的学生具有很大差异。一年级的学生刚跨入小学校门，他们的自我调节能力差，因此，什么该做什么不该做，都应该在班规里具体、明确地列出。而高年级学生自我意识相对较强，有自律意识，所以班规中有关纪律约束的内容就应相对减少，而更应注重道德养成教育。但现实中，班级班规的制定对于学生的不同年龄、不同心理特点、不同要求等不能很好地体现出序列化。

班规的内容制定中存在一些不太合理的状况，使班规实施的效果大打折扣，也很难真正发挥班规的作用。所以，我们看到苏老师在带一个新班后，原本想要“偷个懒”，但是这个“懒”还真是“偷不得”。所以我们需要基于儿童立场，从小学生的视角，提出一种新的班规制定方法，将小学生作为班规制定与实施的主人，充分调动学生自我管理的积极性，并制定出相应的实施策略即班规，为班级管理和学生管理提供新的实践路径，给班规一种全新的打开方式。

**案例分享**

## 班规诞生记

苏老师是一位从教 10 多年的班主任，深谙班规对于一个班集体来说有着举足轻重的作用，同时他也知道班规的出台需要一个过程，是急不得的。每接手一个新的班，苏老师都会非常用心，全情投入对新班级的观察。新学期的第一个星期，苏老师会全程与自己班的学生一起活动，早读、晨会、早操、午餐……一个星期的朝夕相处，让苏老师发现了很多新班级的常规管理在学校考核榜上的扣分现象，如学生午餐时有人没有做到光盘、做眼保健操时有人偷偷睁眼、放学后值日生打扫地面不干净……面对这一切苏老师并不着急，他知道这些不足正是制定科学合理班规的依据，有借鉴价值。接下来的一个星期，苏老师仍旧融入学生，与他们一起学习生活，班级管理中一些不可预知的不足也随之暴露出来。苏老师依然没有心急，反而更淡定从容。在做了这些前期的观察工作之后，第三周的班会课上，苏老师把这两周的班级常规考核结果再次公布，而后把一个问题抛给同学们：我们该怎么办呢？

“一石激起千层浪”。苏老师和同学们进行了一场围绕班规的“头脑风暴”。大家觉得，班规应该覆盖同学们可能会出现的各种扣分现象，就这样，大家集思广益，齐心协力，新班规在同学、老师、家长的几轮筛选下“新鲜出炉”了。新班规历经几次修改、补充、完善，得到了同学、家长、老师的认可与点赞。

为了激发学生的积极性、主动性，有学生提出让每一个同学参与到班规的“执行团队”中来，班级民主投票通过了这个提议。于是，苏老师和学生合作制定了“班规执行团长制”，每名学生都拥有担任一周“团长”的机会。这条班规刚实施的时候，确实很受同学们欢迎，对于平时学习表现平平的同学来说，是一种很大的激励，他们的学习积极性也有了很大的提高；几个平时学习落后的同学更是喜出望外，苏老师看到也非常欣慰；可是对于学习成绩一直名列前茅的学生，这条班规似乎并没能很好地激励到他们，似乎这对于他们来说算不上什么机会。这条班规在执行上所表现出来的种种情况，让苏老师也有些不太确定是否要把这条班规坚持执行下去，苏老师也有些茫然了。

办公室里的一幕曾经让苏老师对这条班规产生怀疑。这周正好轮到小艾当“团长”，他是班里的后进生，上课不认真，作业拖拉。这天苏老师刚到办公室，就看到小艾泪眼蒙眬，数学老师张老师发脾气：“你自己回家作业都交不上来，还在收作业？你这样适合当‘团长’吗？”苏老师在一旁也不知道该说什么了，场面很是尴尬。苏老师只能对小艾说：“赶紧去把作业补好。”苏老师内心很是焦灼，甚至萌生了废除此条班规的念头，但他转念一想，班规执行遇到困难是难免的，何不以此作为教育契机呢？于是，在第二天的晨会课上，苏老师把小艾的事作为引子，与同学们再次进行了一场“头脑风暴”——如何当好“团长”？最终，在大家的集体智慧下，同学们达成共识，明确了“团长”职责，“团长”要做好榜样，应当成为全班学生言行举止的典范。小艾风波过后，这样的情况再没有出现过。看到班级的变化，苏老师也忍不住窃喜。更可喜的是，一名后进生的家长特地打来电话说：“苏老师，谢谢您，这学期小贝当了一周‘团长’，像变了一个人似的，回家作业也不用一催再催了，早上起床自己定好闹钟也不用叫了……还说要一直好好表现，还要争取当‘团长’……”听着电话那头家长反馈过来的孩子的变化、进步，苏老师内心也是无比喜悦。

一条班规从诞生到实施，虽然历经坎坷，但好在最后还是稳稳地“落地”了，在班级管理中如一颗明珠，发光发亮。

**解决策略**

## 班规，我需要吗？

苏老师是一位刚上岗的小学五年级班主任老师，没有什么带班经验，一切都是新鲜的。为了让学生都能“安分守己”不出“幺蛾子”，苏老师以学校的校纪校规严格要求所有学生必须遵守。虽然他很严厉地对此多次强调，可是违反纪律者却越来越多，这不禁让他很是焦虑。同时，这也使他和学生之间的关系变得颇为紧张。一时间，苏老师这个初任班主任焦头烂额。于是，他去请教办公室里的老班主任，老班主任问他："你们班有班规吗？"一语惊醒梦中人。于是，苏老师开始了班规的起草。首先，他照葫芦画瓢，因为没有经验，所以他只能参考其他班主任和一些书刊上的内容，作为班规的模板。然后，在这个基础上，他引导学生集思广益，大家一起积极提出建议和意见。最后，结合本班实际情况，由班干部制定班规。在这个过程中，学生们的表现令苏老师惊喜不已。五年级的孩子天真可爱，有好几个同学把自己的建议和意见写了满满一张纸，还有的同学一下课就跑过来和苏老师一起讨论，提出他们觉得需要改进的地方等。于是，经过了一个星期的筹备，班规新鲜出炉，内容包括班干部职责、扣分细则、加分细则等，而后全班讨论，全体学生签名通过。

就这样，班规开始在班级中实行。苏老师总是能听到有的小组在那儿说"快点交作业，不然会扣分的""哇！这一个星期，我们小组没有扣过一分，太好了"……每每这时候，苏老师内心可激动、可高兴了。苏老师所带的班级也在发生着变化，班级渐渐呈现出"人人争分、组组比分""你追我赶"的面貌。有的学生还在周记里写道："有了班规，我们组的同学都好像变了一样，谁都不想给小组扣分……我们需要班规！"

随着时间的推移，在班规的制约下，学生的行为习惯逐渐养成，这本是好事，可是到了学期末，有同学找到苏老师，提议去掉班规里的一些比较陈旧的内容，换上一些新的内容，要有新班规。细细想来，苏老师也觉得第一次制定的班规有些仓促，学生需要一个更符合他们个性的班规。"好吧，你们放手去做！"于是，苏老师把制定个性化班规作为一项特殊的寒假作业布置给学生。开学时，学生们把雪花似的纸片交上来，由每组的组长筛选，班干部再组织讨论，班规以全新面貌出现在大家眼前。

一个多学期以来，苏老师班的班规从无到有，最后在学生的主动要求下再次进行升级迭代。班规是约束，但好的班规会得到学生的认可与支持；班规看似严肃，但在施行的过程中，会逐渐地内化为学生的行为导向，让学生逐渐从他律走向自律，是善意的提醒，宛如春风拂面，不寒自有暖意。班规，学生需要。

## 问题 2 在具体的班规执行过程中，班主任如何让班规真正“落地”执行，发挥作用？

班规，是体现班集体共同意志和利益的行为规则。班规是班级的规章制度，对全体成员具有普遍约束力，类似于依“法”治班。班规的合理与否制约着班集体建设，决定班级的走向，影响班级每一个成员的成长。有很多班主任在交流中经常会说：“在班级里，我也和学生一起制定了班规呀，可是为什么在班规的具体执行过程中，却发现班规根本没有用呢？”班规的科学合理制定是基础，班规的“不折不扣”执行是保障。

### 问题情境

**班规“滑铁卢”**

苏老师新接手了一个四年级的班级，在第一周的班会课上，苏老师和同学们一起制定了班规，并选举出了一支品学兼优的班干部队伍。接下去的每周，班干部们分工填写学生日常行为记录表，实行积分制度，表现良好积一个笑脸，违反纪律则扣一个笑脸，一个哭脸需要用三个笑脸来抵。每周进行评比，笑脸数量后三名进行批评惩罚，笑脸数量前三名进行奖励兑换。由班长在每周三下午的班会课上对一周积分进行总结，老师进行相应的奖惩。以聪明伶俐的班干部为主，以行之有效的班规为辅，班级呈现出一派井井有条的景象。苏老师感到很满意，身上的担子似乎都轻了一点。

但是好景不长，在第三周班会课上，班长小颖进行总结：“小阳因晨读讲话扣一个笑脸。小浩因晨读讲话、课间乱扔垃圾扣两个笑脸……”老师批评并罚小阳做一次值日，罚小浩做两次值日。这两名学生听到惩罚，与之前相比，脸上不开心的情绪明显增多，惭愧感减少，但还是乖乖做了值日。

第四周，班长照例总结：“小阳课间奔跑、带钱来学校、带零食来学校扣三个笑脸，小浩玩危险游戏、乱扔垃圾、讲脏话扣三个笑脸……”小阳和小浩再一次被点名，这次苏老师罚他们做三次值日。他们明显不服气也不高兴，连带着值日也不好好做，只是敷衍一下。

第五周，又是班长照例总结，小阳和小浩的名字再次出现在记录表上，这次他们犯的错更多了。“小阳和小浩因连续一周晨读讲话、课间乱扔垃圾、走廊奔跑、玩危险游戏、带玩具来学校扣九个笑脸……”苏老师听到这一连串的违反纪律记录，头都大了。“你们是怎么一回事，怎么犯的错误越来越多呢？！”小阳和小浩别过头没说话，继续罚做值日，但是值日质量是一次不如一次，消极怠工，磨磨蹭蹭。

第六周，情况更糟糕了。班长在班会总结时又说到了小阳和小浩的名字，而他们犯的错误也越来越多。苏老师心想：天呐，这两个学生可还欠着值日呢！怎么又犯了那么多错误？这惩罚还能结束吗？表面上苏老师严厉地批评：“你们上周欠下的‘债’还没还，这周怎么又‘闯祸’了？你们难道不知道吸取教训吗？”小阳不说话，小浩吊儿郎当地说道：“老师，反正我每周都要罚做值日，扣多少有什么关系，反正都是惩罚。”“那你就再多做点值日吧，做到你知道错为止！”

下一周，情况愈加不可收拾，以小浩为首的同学继续闯祸，闯祸的同时还不忘“蛊惑”其他同学，“反正奖励都给那些好同学拿去了，你们就不要遵守纪律了，那么累还没好处。还是和我们一起玩吧。”有一次苏老师从走廊走过，听到远处传来的这段话，气得脸色发黑。针对这愈演愈烈的违反纪律的现象，苏老师除了“武力镇压”，也想不到好办法了。

情境分析

## 班规为何不能“落地”

苏老师班级的班规没有真正地在班级里“落地”，究其原因有以下 3 点：

**一、班规未得到学生认同**

很显然，班级在实行班规的过程中势必会出现“难题”，会有学生“为难”，但不管怎么样，既然是班规，就要人人遵守，并让它落地，必须执行。在苏老师的班级中，当有学生一再挑战班规的时候，如果第一时间没有得到相应的惩罚，后面再要去落实就困难了。这样时间一长，班级里原本遵守班规的学生也会觉得班规就是写给别人看的，而没有实质性的用处。后面就会对班规越来越不看好，根本不会去在意，班规最后只成为“一纸空文”。班规一定是来自班级实际、来自学生实际需求的，所以，它必须得到全班大部分同学的认可。

**二、班规缺乏实用执行机制**

班规的落地需要整套的执行机制作为保障，而且必须落实到专人，这个人或者这几个人一定是在班级中具有强大威信的学生。一旦班规通过后，就由执行机制专人负责推进、执行，让班规发挥应该有的作用，而不是“挂羊头卖狗肉”或者是“挂历上的花瓶——中看不中用”。

**三、班规缺乏合理惩罚措施**

在班规实施与执行的过程中，需要有奖励的措施，当然也要有合理的惩罚，有奖有罚，赏罚分明，体现班规的“威严”，不容“侵犯”，让它真正地发挥作用。否则，班规就是一纸理想化的毫无意义的文字而已。不难看到，在实行班规的过程中，苏老师是很用心的，也制定了惩罚措施，但是“罚做值日”对孩子来说并不能起到很好的“警示”作用，相反，他们还觉得无所谓。

案例分享

## “弹性惩戒单”让班规落地

苏老师新接手了一个班级，为了培养学生良好的行为习惯，完善学生的自我教育和自我管理能力，增强班级的凝聚力和学生的集体荣誉感，让班级有共同的目标和良好的氛围，苏老师引领全体同学共同商议制定了一套具体的班规。

班规出台之后，为了后续更好地推进班规的执行，苏老师利用晨会、班会时间对班规进行了逐条解读，希望同学们明白其意义及重要性。但是，苏老师发现效果并不是很理想，学生听得有些“敷衍了事”。于是，苏老师改变策略，让学生参与进来。师生一起对班规又进行了整合、删减，使班规更加简洁明了、通俗易懂，便于学生理解与熟记。然后师生又围绕班规，一起设计了学生日常行为规范记录表，记录学生每日的常规表现，实行严格的积分制度。检查与积分的事情，苏老师培训了班干部，全权交给他们去做，对于每一个积分都有据可查，尤其是扣分时，会有反馈单发到学生手中，做到让学生心服口服。

但是，只有评分而没有评价机制可不行，于是苏老师又着手和学生一起建立评价机制。最后确定评价方式以“积七色彩虹卡”为主要形式。七色彩虹卡分为品德行为卡、勤思好学卡、多才多艺卡、实践创新卡、运动健将卡、劳动达人卡、感恩孝亲卡，从多个维度对学生进行评价。苏老师根据班规日常检查的分数作为发放彩虹卡的依据，学生积累一定数量的彩虹卡可兑换相应的奖品，有实物奖品（如笔、笔记本等）和“特权”奖品（如免一次作业、和老师共进午餐等）。在发放奖品时，苏老师采用了第一周自己亲自发放，第二周她带领班干部一起发放，之后渐渐放手交给班干部发放的方式。就这样，苏老师班级的班规得以正常施行，每每看到同学们用自己的努力换取心仪奖品时的兴奋，看到同学们获得“特权”时的惊喜，苏老师都会为孩子们由衷地感到高兴，而逐渐走上正轨的班级，也令苏老师欣喜不已。

两个月后，苏老师又发现了一个问题。随着时间的推移和新鲜感的消失，班级里慢慢出现了这样的现象，一些经常被扣分的同学开始不在乎记录表上的分数了，班里慢慢又有了一些学生打闹和上课违纪现象，似乎班规在孩子们的眼里开始变得不重要起来，这着实让苏老师担忧。一开始，面对违反班规、扣分严重的同学，苏老师会进行批评教育，或者是善意提醒……但是，苏老师渐渐发现，这样的“宽容”处理不能让学生很好地认识自己的错误。这时，苏老师想起了这样一句话：没有惩戒的教育是不完整的教育！对违反班规的同学，必须让他意识到自己的错误，意识到这种行为对自己成长的危害，要让同学们知道，违反了班规就必须接受班规的惩罚，他们必须对自己的行为负责。但是，怎样的惩罚既能让学生们接受，又能起到真正的警示和鼓励作用呢？苏老师和同学们一起“头脑风暴”，想到了好多好主意，例如，为同学们唱首歌，活跃一下班级气氛；今天最后一个用午餐……

这样，弹性惩戒单制度实施之后，班级纪律明显好转。它给每个违反纪律的孩子以选择接受不同形式惩戒的自由，使得学生难为情而不难堪，使得制度不仅是约束，也给予学生深刻的教育，在这个过程中实现学生对自我的教育。

**解决策略**

## 让班规“落地”有“法”

班规规范学生在校的学习习惯和行为习惯，让学生了解秩序和规则是自由的重要保障，学习遵守秩序，进而使遵守秩序和规则成为自己内在的、自发的需求，引领学生朝着健康有序的方向发展，以完成育人的目的。而育人的最高境界就是“无为而治”，让学生能自觉规范自己的行为，自觉自愿执行。所以，班规的制定非常重要，但执行更重要，可以说班规“功在制定，赢在执行”。

### 一、班规的执行必须有相应的监管机制

班规的执行要想“落地”，必须有相应的监管机制。每一条班规都需要有执行者、监督者，通过量化考核学生的班规执行情况，及时强化学生的积极行为，有时候错过了时机，教育的效果就会大打折扣。同时，这样也能及时跟进班规执行情况，把一些违反班规的行为消灭在萌芽状态，通过评价监督进一步引导和规范学生的行为。

### 二、班规的执行要有正向的激励制度

班规的执行也需要有正向的激励机制，班主任可以根据班级实际情况，对

于班级中遵守班规表现得非常好的学生给予一定的奖励，奖励形式可以灵活多变，以增强奖励的效用，如可以奖励学生和老师共进午餐，可以奖励学生参加学校“农耕园”采摘活动的机会，可以给予学生一次免作业的机会……正向的激励可以引导学生更好地认可班规，让班规真正“落地”。

**三、弹性惩戒，实行自我教育**

班规是具有规则属性的，需要全体成员的尊重和遵守，这是其刚性的一面。但执行班规的目的是学生的发展，有弹性的一面，所以要把握操作上的度，面对个体差异，进行适度调整，要以人为本、以教育为本。所以，对于违反班规者的惩戒不能一刀切，需要有弹性。有时候，有些情况的出现是有特别的背景和原因的，切不可“硬”来，可以在全体学生一起讨论之后，确定是否对“违规者”进行惩戒，进行什么惩戒。当然对于违反班规者的惩戒不等同于惩罚，或者是变相体罚，惩戒应该成为学生对自我的一种反思。

**四、一视同仁，无任何规避**

通常一个班级，在班规执行的过程中难免会遇到几个难以应对的“特殊”学生，他们或者与班规“对着干”，或者带着自己的“小团体”不执行，或者对班规持无所谓态度；不予理睬……他们会“挑战”班规的权威性，如果在执行班规的过程中对这些特殊学生网开一面，那么就会使班规失去公信力，逐渐失去它该有的功能。所以对于特殊学生，班规的执行无任何规避，但要因势利导，既要保证班规的公平性和权威性，也要让这些比较特殊的学生在老师的引领和帮助下慢慢地融入集体，享受与其他同学共同成长的快乐。

## 问题3 如何给班规“保鲜”？

很多时候，在带班中班主任会带着学生一起制定班规，但是在制定的过程中，班主任可能更多的只是“依葫芦画瓢”，只是画它的“形”而并没有“画”它的“神”。慢慢地，这些班规就成为“摆设”，并没有真正发挥它应有的作用。班规的产生需要一个过程，这是一个“动态”的过程，而不是一成不变的，同时这个制定、执行的过程也应该成为学生自我教育的过程。

## 问题情境

### 班规也有“保质期”

苏老师是一位认真的老班主任，在带班上有自己的想法。

这天，吃过午饭，苏老师想着这几天比较累，趁这个午休空当休息一下，刚闭目养神一会儿，就听到有同学在叫他：“苏老师，苏老师。”他睁开眼睛一看，原来是班里的小艾来找他了。小艾是班级班规管理执行团的成员，平时工作很认真、负责。苏老师赶紧强打起精神，询问小艾：“怎么了？有什么事情？”小艾告诉苏老师：“今天小贝又从家里带了奥特曼卡片来卖给同学，该怎么办？”

小贝第一次带来卡片卖给同学的时候，因为之前也没有发生过这样的事情，小贝的行为并没有受到班规的处罚，这对于学生来说尤为不好。当时对于这件事苏老师并没有重视，只是知道而已，也没有因此去对班规做补充、添加。小贝就肆无忌惮，觉得班规对他压根儿就不起作用，还是我行我素，继续偷偷带奥特曼卡片来卖。而这样的事情在班级里造成了非常不好的影响，有几个同学原本就“蠢蠢欲动”，看到小贝并没有受什么“影响”，也就开始偷偷行动起来。整个班级在班规带领下，好不容易形成的严明纪律也受到了很大的挑战。

苏老师带着学生们一起制定了班规，对于班规也有专门的执行机构，有专人负责，本以为这样就可以让班规更好地落实，对班级里的每一名同学都能起到约束作用。但是，苏老师没有想到的是，班规不变，学生会变。有的学生会钻班规的空子，挑战班规的威信，挑战班主任的威信。看来班规也有“保质期”呀。

## 情境分析

### 打造班规动态系统

班规在具体实施的过程中，会随着时间的推移，慢慢失去“新鲜度”。班规也是有“保质期”的，需要班主任带领学生随时查看“保质期”，让班规一直保持它的新鲜度以及时效性，发挥它的功能。

**一、班规要不断修改完善**

班规在制定以后，可能还存在不足与漏洞。因此，在班规执行的过程中，班主任可以因事而改，使班规不断完善。如班里有学生因为攀爬花坛摔倒骨折，班主任就可以在恰当的时机，用这个鲜活的事例让学生讨论一下这个学生为什么会骨折，大家应该怎么做。当学生看见活生生的事例变成血淋淋的教训以后，制定的班规肯定比空口白话管用得多。

班规也不是一成不变的，随着时间的推移，班级由初建到成熟，会遇到不同的阶段性问题，班级建设的侧重点也会有所变化。因此，班规也要与时俱进，不断调整，在这样动态发展的过程中，学生的规则意识、集体意识和大局意识得以强化，逐渐形成自我教育的能力。班规应该是开放的，一条班规是否有效主要看它在实践过程中是否能够发挥出预期作用。班规应该是动态的，需要不断地完善，使其行之有效。比如班规实行了一段时间，班干部可以提出哪些内容需要添加进班规，哪些内容陈旧需要改。班规需要不断修改完善，以让它始终保持新鲜度和时效性。

**二、班规执行要阶段性复盘**

如果在教育中用其他方式也能达到教育目的，那为什么还要班规呢？一方面，班规的制定和形成本身就是一个非常重要的教育过程；另一方面，班规也是学生反思自我的最好的一面镜子。班主任借助班规，引导学生不断地自我反省和改正，一遍又一遍地进行练习，定期地检查、阶段性地复盘，帮助学生学习观察外部环境以及他们自身，从而意识到他们的行为会给自己、给他人、给班级带来改变。用班规来照镜子不仅有利于学生反思，更能让学生养成促进成长的好习惯。通过阶段性复盘可以验证班规存在的别样价值。

**三、班规严格执行并量化到人**

班规的实施需要设计可计量的量表，并由已培训过的同学每天记录在案，让每一个学生知晓自己的班规执行情况，并发现身边的榜样。要及时把这些成长故事记录下来，让班规成为孩子成长路上的“引路人”。这个过程能让学生对班规的执行情况有直观的了解，也能看到自己的进步，以及存在的不足，可以及时地改进，同时也能发现更多身边的榜样，向他们学习，在整个班级中形成“你追我赶”的良好氛围。

班主任在带班过程中，应努力在班级打造班规的“动态系统”。班规不应只是一成不变的硬邦邦的“条条框框”，它应该是一个“动态系统”，是一种教育力量，帮助学生遇见更好的自己。

**案例分享**

## 班规的“保鲜秘诀”

苏老师是一个有着丰富班主任经验的老班主任。这次，他接手了一个四年级的新班，他深谙班规对于学生、班级管理的重要性，所以，在制定班规之前，他就开始引导学生一起做前期准备，如带领学生一起观察班级中存在的一些问题，组织学生学习《中小学生守则》和校规校纪等。

苏老师知道，班规的制定绝不是班主任一个人的事，也绝不是个别学生的事，它必须是全班的事，它必须体现广泛性和多元性。学生是班级的主人，他们应该是班规的主要设计者；任课老师是班级的重要组成部分，他们应该是班规制定的重要参与者与守护者；家长是班级教育的合作者，他们应该是班规制定和实施的监督者。这么多年的带班经历让苏老师深深地明白，这几点事关班规能否真正发挥作用。所以，苏老师在这些前期准备的基础上，引导学生制订一个大致的班规方案。而后，苏老师并不急于实行，而是把初步方案打印出来，利用班会课时间，让学生分小组讨论，对方案进行修改、补充、细化和完善，当然，在这个过程中，苏老师始终在场，对学生们适时进行点拨、引导。接着，苏老师把各小组的意见汇总在一起，进行了整理归纳，初步完成了讨论文字稿。然后苏老师就开始了班规的试行。班规在班级里试行两周，苏老师组织同学们分小组对班规的针对性、可操作性、奖惩是否合情合理等进行讨论、交流，提出修改意见和建议，再次对班规进行修订。班规在不断地完善，似乎永远保持着“新鲜感”。

在班规修订版确定后，再次试行一周，同学们再次讨论、交流，而后最终确定正式的班规。苏老师对于班规的发布可是花费了不少心思，他专门利用班会课时间，举行班规的发布仪式，邀请班级的任课老师和家长代表参加发布会，至此，班规正式落成。每一个月的最后一周，苏老师还会邀请任课老师代表、家长代表和全体学生一起，反馈班规的实行情况，以便做调整、补充、修改与完善。

很多其他班级的班主任老师，总是感慨苏老师班的学生对于班规在内心深处有敬畏感，并能够督促自己按照班规的要求去做。

康德说，教育是使人成为人的活动。“使人成为人”，就要在一定程度上给予学生自由。育人是班级教育的出发点和归宿，班规育人，但班规不一定是一成不变的。班规也要根据实行情况、实际效果进行调整、补充、删减，让班规更趋于合理，时刻“保鲜”。

**解决策略**

## 学生是班规的主人

在班规的具体执行过程中，很多时候，班主任会亲力亲为，希望更好地落实班规，让它发挥作用。这样的想法也可以理解，但是班主任不能忘了，班规的真正主人是学生，班主任应该充分发挥学生的主体性，调动学生的积极性、主动性，让班规更好地发挥作用，帮助学生更好地成长。

### 一、发挥集体舆论的力量

通常在一个班级中，会有一些比较特殊的情况存在，比如性格古怪、行为特异的学生，或有一定影响力的非正式群体等。这些人会让老师进行班级管理时面临一定的压力，承担一定的风险，也会给班规执行带来一定的挑战。他们虽然是班级里的少数，但他们可能会有对班规的执行不配合的情况。这时候，班主任要善于发挥集体的力量，在班级中营造积极向上的正向舆论，让这些少数学生在集体舆论中反思自己的行为，面对班规“不好意思”不配合、不执行。

**二、发挥同伴教育的力量**

面对这些对于班规不配合、不执行的少数学生，班主任也可以在确定执行者、监督者时做个“有心人”，使用一点“小心计”，安排与这些少数学生关系不错的、在班级里有威信的学生来担任，通过同伴的力量加以帮助。特别是孩子进入高年级之后，他们会特别在意同伴对自己的看法，这时候，通过同伴引领，发挥同伴力量，让班规在这些少数学生身上同样能够得到有效执行。

**三、构建生活学习共同体**

小组学习是比较好的管理模式。把全班学生按“组内异质、组间同质”的原则，根据性别比例、兴趣倾向、学习水准、交往技能、守纪情况等合理搭配，组建生活学习共同体。当然，这时候班主任要做“有心人”，把少数几个对班规不配合、不执行的学生分散到不同小组内，通过考评各组班规的执行情况，通过小组的力量一起来引导那些少数学生配合、执行班规，同时在这个过程中进一步增强学生的积极性和凝聚力。

班规的制定合理与否制约班级集体建设，决定班级合力的走向，影响班级每一个成员的成长。班主任认真研究班规的制定和实施，是对自身工作的方向性引领，这个行为本身就具有重要的意义。

## 问题 4 班主任该如何让班规得到所有任课老师的支持呢？

班级的管理不仅依靠冷冰冰的班规条例，更应该依靠师生之间的良性沟通，只有建立良好的感情基础，才能形成良好的班级氛围。师生之间不应该只有教条式的沟通，应该加之感情交流。班规的制定与执行，不应只是部分教师与学生的事，应该成为本班所有任课老师与学生的事，班规应该得到所有任课老师的理解、支持与配合。师生之间相互信任与尊重、互动与沟通，实现共同管理。班规当中的对话与交往应注重师生之间的动态信息交流，相互促进，相互影响，师生共同参与监督，就班规对于班级管理达成共识。

### 问题情境

## 班规执行 vs 任课老师

新学期开始，苏老师接手了一个新的班级。作为一名新班级的班主任，苏老师信心满满，想要培养出一个优秀的班集体。为此，他和同学们制定了一系列班规，要求每名同学严格执行。第一周试行效果不错，整个班级的风气都很好：早读认真，每名学生都按时到校；队伍整齐，排队出操精神抖擞；课前安静，认真等待老师进班……看到学生们这样的表现，苏老师的信心越来越足。但是，问题在第二周的时候出现了：跟苏老师搭班的数学老师沈老师是一位资深教师，平时工作认真负责，从不放弃任何一名学生。遇到学生不懂的题目，他总是不厌其烦一对一地对他们进行辅导。每天早上他都早早地来到学校，七点半准时进班级找学生，在学生早读的时候，把前一天回家作业有错误的同学一个一个叫到办公室当面批。这个学生刚回教室，那个学生又被叫了过去，其他的同学哪里还有读书的心思？由于班规里面定下了早读的规则：认真早读，声音响亮，不左顾右盼，不做其他事情。领读的同学便记下了这些同学的名字，因订正数学作业而被记名字的学生感到很委屈，认为自己并没有违反班规，只是完成数学老师的要求；可领读的同学也认为自己没有做错，因为自己是按班规做事。这让苏老师陷入了两难。

苏老师想找数学老师沟通一下，希望他能够换一个时间来找学生订正作业。毕竟班规的制定和执行需要全班学生和老师的一致努力。但是沈老师不以为然，他认为自己并没有打断学生的早读，只是叫了个别学生过来订正，其他学生还是按照安排在读语文或者英语，学困生如果不盯着，成绩肯定上不来，而且会越来越差。

听到沈老师的回答，苏老师一时语塞。他想，自己毕竟是个新老师，人家老教师已经这么说了，自己也不可以很强硬，一定不肯让步，况且学生的成绩也是很重要的。于是，他便关照领读的学生，以后如果有同学因为订正数学作业而没有进行早读，就不要记他们的名字了。渐渐地，早读越来越起不到作用：有的同学在订正数学作业，有的同学在神游天外，有的同学在交头接耳……几次下来，班规里关于晨读的这一条规则彻底被打破了。不仅如此，由于学生觉得原来班规还可以选择性地执行，便开始对班规不重视起来。

两个月过去了，学生们如同一盘散沙，班长和班干部的话对他们来说已经没有多大效果了。认真的同学还是一如既往地认真学习，但是那些懒惰的同学和“皮猴子”们则恢复了原状，不但成绩没有上去，班级的风气也大不如以前了。苏老师很是后悔，觉得当初应该坚持自己的带班理念，以严格的班规认真要求每一名学生，说不定现在班级便是另一番景象了。

作为一个班级的班主任，苏老师在与任课老师沟通的时候没有坚持自己的立场，导致整个班级的班规形同虚设，这其实是对班主任的职责与权力缺乏正确的认识。新任班主任对于老教师总会有种敬畏和服从的观念，认为不应该驳斥老教师的意见，明知不合理却仍旧妥协。每一位青年教师初任班主任时都必须纠正这一错误观念。

**情境分析**

## 任课老师做班规的“守护者”

苏老师在班级的管理过程中，因为碍于老教师的“面子”，而让自己与学生一起制定的班规，在执行的过程中没能很好地落实，甚至还因此改变了班规的内容，让班规没有办法真正地“落地”，主要的原因就是苏老师没有让班规得到所有任课老师的认可与支持，这对于班规的执行来说是很大的阻碍。归结起来主要有以下 3 点：

### 一、转变自身观念

班主任是班级的组织者、管理者，承担着主要的班级管理任务。但是，这并不代表带好班、教育好学生就是班主任一个人的事，教育学生应该是所有教师的事情，要做到全员育人。班级的每一个任课老师都有教书育人的职责，所有任课老师都是学生的德育导师。一个班级的建设，需要所有老师的努力。班主任在管理班级的过程中，需要转变自身的观念，不要觉得自己是班主任，所有的事都是自己一个人“扛”，也不要觉得自己是初任班主任，不好意思“得罪”老教师……班主任要明白自己的工作职责，并履行自己的职责，发挥自己的才能。

### 二、学会沟通

班主任在平时的工作中，常常需要协调各种关系，比如任课老师与学生之间的关系、家长与教师之间的关系等，而在协调各种关系的过程中，学会沟通、善于沟通是非常重要的。遇到事情的时候，每一个人都有自己的想法，这本无可厚非。正如上面的案例中的沈老师，每天很早就到学校，利用早读课时间及时批阅数学作业，以便学生及时反馈、订正，他这么做是为了提高学生的成绩，出发点是为了学生好。但是，这一点恰好与班规有“冲突”，如果苏老师及时与沈老师沟通，这个问题就可能迎刃而解。因此，班主任在平时的工作中一定要学会沟通。

### 三、形成教育合力

班主任在带班的过程中，身边会有很多“资源”，包括学生、家长及任课老师。面对身边的一切可用“资源”，班主任要学会做好这些“资源”的收集、整理，同时还要做好这些“资源”的“引流”，善于在班级管理中用好这些“资源”。上述的案例中，沈老师作为班级数学老师，也是一种“资源”，苏老师如果能够及时和沈老师沟通好，做好班规内容及执行事项的解释，让沈老师提前了解，说不定沈老师作为老教师还能给出很多好的建议，同时，也让沈老师成为班级班规执行的监督者。这样的话，不仅不会出现班规与任课老师之间的“冲突”，相反，还能利用好任课老师这个“资源”，形成教育合力。

综上所述，班规不应该成为任课老师与班主任的矛盾“导火线”，而应让任课老师成为班规的“守护者”。

**案例分享**

## 强强联手

新学期开学了，这一次马老师和两位资深的老教师——数学老师张老师、英语老师方老师一起搭班，可谓是强强联手。马老师也觉得特别好，想着今年不必担心像以前和新教师搭班的时候，还要为学生上课的纪律问题发愁等。

马老师在管理班级上有一套，她深知一个班级在日常管理中必须有各项规章制度作为班级日常运行的保障。所以，马老师在开学后就和学生一起制定了班规，并设置了专门的岗位，安排了专门的同学监督班规的执行情况。一开始，一切都井然有序，马老师也十分欣慰。

但就在马老师觉得一切都井然有序时，一件事情打破了这份平静。开学后第二周的周四一大早，早读管理员 A 同学急匆匆地跑到办公室里找马老师，表示自己没法管早读了，教室里乱成一锅粥了。马老师赶紧了解事情的来龙去脉，原来一大早张老师就到教室里去批学生的作业了，教室里排着长长的批作业队伍，早读的没几个同学，张老师只顾着批作业，也就忽略了早读的纪律。过了一会儿，人称“拼命三娘”的方老师也来了，可想而知，整个早读一团糟，根本没有办法进行。两位老师的做法固然有他们各自的道理，可是，这就让全班一起制定的早读班规形同虚设了。长此以往，会对其他班规的执行造成影响，这个问题必须解决。

马老师在教室门口站了一会儿，然后回到了办公室。她知道此刻早读已接近尾声，且这时候两位老师都在教室，不适合谈论。于是她就在办公室里暗自思考这个问题该如何解决。

早读课后，两位老师各自回办公室了，张老师和马老师是一个办公室的，方老师教的年级多，和他们不在一个办公室。于是，马老师想先从张老师“入手”，毕竟在一个办公室里也比较方便。于是，马老师看张老师没有课的时候，搬了张凳子，坐到了张老师的身旁，和张老师“聊”了起来。马老师对张老师这么认真负责地抓学生的学习很是敬佩，同时向张老师提出可以由课代表提前把作业本收齐交到老师办公室，他就可以先批阅，早读课结束后，由课代表来拿作业本并发下去督促大家订正，这样的话既不影响张老师批阅作业，也不影响班级早读秩序，一举两得。张老师看着马老师很是真诚，提出的方案也合情合理，就同意了。方老师这边，马老师特地选了中午就餐的时间，邀请方老师一起去食堂吃午餐。在饭桌上，马老师与方老师在轻松愉悦的氛围中沟通起来。马老师对方老师教的班级多，作业批阅与订正比较麻烦表示理解，同时给方老师提出建议，让本班级同学提高收作业的效率，在早读结束后的 10 分钟收作业时间里分出 8 分钟由方老师支配，并表示班级大力支持她，向她承诺所有同学的英语作业订正在下午第一节课前全部完成。方老师一听，班主任如此支持她，而且这样的方案对她来说非常合情合理，还可大大提高她的工作效率、减轻她的工作负担，她表示很乐意。就这样，两位资深教师的“早读霸占”事件，就在马老师这样的“四两拨千斤”的“聊天”中解决了，而且丝毫没有影响到同事之间的关系，反而让三位老师的心贴得更近了。早读班规也恢复如初，继续执行并发挥它的作用。

在班级管理中，班规固然要执行到位，但有时候对于任课老师来说，他们对于班规的执行意识并没有那么强烈，觉得没有太大关系。实际上，不管是班规的执行，还是班级的其他方面管理，各任课老师之间的相互理解、配合是非常重要的，对于班主任来说，能够得到各任课老师的支持与配合更为重要。而马老师没有以一副“我是班主任都得听我的”的姿态与两位老师争执，也没有把气撒在学生头上为难学生，更没有当着学生的面“指桑骂槐”，而是以她自己的真诚，以心换心，换位思考，得到了其他任课老师的认同，也让事情得以妥善解决。

班主任与班级其他任课老师的关系“处”好，可让班规更“强”，实现“强强联手”，促进班级健康发展。

**解决策略**

## 任课老师 = “盟友”

班规原本就是基于班级的实际情况、学生成长的实际需要而制定的班级规章制度，对每一个学生都具有约束力，是让班集体健康发展的保障。所以，班规既然制定了，就必须不折不扣地执行下去，不能因为有些老师是老教师就退步、妥协，也不能因为其他任课老师很“强势”而被破坏。如果面对任课老师的不同“要求”而改变班规内容，或者降低班规的执行要求，班级就会乱套，班规就失去存在的意义，不能发挥它的作用。

当班级的班规执行与任课老师的“不配合”遇到一起，班主任必须开动脑筋，想一些妙招，既能让班规得到执行，还能不影响和任课老师之间的感情。也就是说，班主任要努力让任课老师成为自己的“盟友”。

## 一、情感投资

班主任平时与任课老师要“处”好关系，当然，在这里所说的“情感投资”并不是要去“讨好”任课老师，而是指在平时多与任课老师产生链接，更多地让任课老师去发现、关注班级。平时也让学生经常和任课老师沟通交流，如果班级里有什么活动，学生要去邀请任课老师参加……用一些这样的方式，拉近彼此之间的距离，相信与任课老师的关系“处”好了，有了这些平时的感情投资，他们一定会支持、配合班主任的工作，也就不会与班规“对着干”了。

## 二、一唱一和

在班级管理中，有时候班主任和学生一起来个“一唱一和”，也能起到很好的作用。可以选派班级中成绩很好、平时和老师的关系也很好的几个同学，利用午餐过后的时间，和任课老师聊一聊，夸一夸老师对班级里的那些付出，然后答应老师会一早把作业收齐放在他的桌上等，让老师不要那么操心。这时候班主任再出马，在一旁敲边鼓，就这么和学生来个“一唱一和”，任课老师也就在不知不觉中明白、理解了班规，不会再影响班规的执行了。

## 三、开诚布公

也许任课老师并不了解班规，这时候班主任不妨和任课老师开诚布公，真诚地谈一谈，和他们说明班规中的一些具体规定，并且向他们真诚地表达希望他们能够支持自己的工作，支持班级。相信很多任课老师在班主任很真诚地和他们进行沟通并提出想法时，会理解、支持与配合。

### 四、找平衡点

班规既然是一种约定，就应该执行，不应该遇到一点事情就随便妥协甚至放弃，而应该执行到底。但也应该考虑到老师的实际情况，可以与老师进行沟通，找到一个平衡点。比如：结合任课老师的实际困难或需要，给予最大的支持，一起为任课老师排忧解难，出谋划策，一起想出最合理的解决方案，帮助任课老师克服当前的实际困难。这样的话，相信任课老师也一定愿意支持班级的工作，支持班规的执行。

# 第四章　班级环境的设计与实施

班级环境作为学校教育教学的重要因素之一，对学生发展有着重要影响。因此，我们应重视对班级环境的创设工作，在明晰班级环境的相关理论基础上，分析班级环境存在的问题，提出相关创设优化建议。班级环境是指影响学生发展的与班级物理环境相关的客观因素，包括室内空间布局、设备及材料投放、墙面布置与学生作品展示，以及学生所能观察到的班级内的其他环境，目的是通过环境的创设更好地影响学生的活动，使环境产生积极的、有价值的作用。良好的班级环境可以激发学生的学习兴趣，有益于学生的个性、品德形成，更有利于师生之间民主和谐共处。经调查研究，班级环境具有教育意义、激励意义和指导意义。此外，班级环境还作为载体，与各种功能相互关联，共同为班集体的正常运转发挥重要作用。在教育教学活动中，班主任教师要充分发挥班级环境的基本功能，使各种功能协调发展，为学生创造一个更加优良的成长环境。因此，要使班级环境承载教育意蕴，对其设计应当转变思路，坚定教育性的价值取向，从教育的思维框架出发来看待班级环境，遵循身心发展规律，回归育人价值取向，深度挖掘活动的价值，将教育理论作为指导班级环境设计与改造的行动指南。对教师而言，对于创设具有教育意蕴的班级环境仍然是朦胧的状态，尤其是在与物质环境的其他目的的杂糅下，班级环境的“空间”特性在一定程度上也会遮蔽“教育”的存在，使得对空间舒适性、美观性、健康性、管理性等显而易见状态的关注超越了对教育的关注。

## 问题1 如何合理布置班级图书角，实现资源共享？

书籍是人类文明进步的阶梯，课外阅读是学生培养良好阅读习惯的重要途径之一。课余时间，学生阅读的重要场所之一就是班级图书角。因此，班级图书角的育人作用就显得尤其重要。随着对学生阅读要求的提高，班级图书角的利用和管理也面临着巨大的压力。

### 问题情境

**吃灰的图书角**

苏老师是一位年轻的班主任，工作认真负责。学期过半，有一个问题一直困扰着她：

学期初，苏老师带着同学们一起建立了班级图书角。同学们兴致勃勃地从家里带来了自己平时爱看的课外书。苏老师向学校申请了一个书橱，将图书放好后，图书角就建好了。

图书角建成之后，引起了许多同学的注意。同学们都争先恐后地阅读自己喜欢的图书。尤其是一些图画书，更是受到同学们的欢迎。可是好景不长，一周过去了，图书角渐渐失去了热度。渐渐地，同学们对图书角的书不再感兴趣，也不再借阅。一个月过去了，图书上积了一层灰，翻开借阅本，借阅的同学寥寥无几。

面对凉下来的图书角，苏老师感到很奇怪：班级图书角应该怎样布置才能吸引同学来借阅，实现资源共享呢？后来，苏老师详细询问了几个同学为什么突然对图书角不感兴趣了。小明说道："一开始有些新鲜的书，我没有看过，所以十分感兴趣。但是后来，这些书都看过了，也就不愿意到图书角借书看了。"小红说："图书角的书都是学习方面的，在课外我想多看一些图画书或故事书，图书角里这类书太少了。"

从此之后，苏老师又请教了从教多年的王老师。王老师认为，有 3 个问题：一是图书角的书类型和内容过于单一，大多是语文类的书，例如《看图作文》《成语故事》等；二是图书角的书更新缓慢，很多书起初是学生捐赠而来的，班级并未花资金购置新书；三是苏老师并未花心思美化图书角阅读环境，没有给学生营造一种读书的宁静氛围，反而将墨水、练习册等胡乱堆积在图书角书柜上。

后来，苏老师也进行了反思。原来，班级图书角的藏书来源主要是学校统一采买或是家长、学生的捐赠，书有好有坏，藏书更新不及时，通常是开学初期进行一次更新，甚至延续上学期的图书。除此之外，在图书内容方面，首先主要是语文类的书和小学生杂志，例如《看图写话》《成语故事》《看图写作文》《如何写好一段话》等；其次是兴趣读物和经典读物，比如《查理九世》《三国演义》等；最后是科普类杂志，例如《恐龙小百科》《天下奇问》等。孩子们对这些内容并不感兴趣，很多都没有怎么看。这样一来，图书角便成了一处不大受欢迎之地。

**情境分析**

### 图书角的困惑

在现实的图书角管理过程中，许多教师并未正确认识到图书角的真正作用，未曾充分利用它来促进自己所教学科的教学。对于他们而言，图书角的使用只是为了完成上级领导交付的任务，并未将它看成一个培养学生读书兴趣和习惯、提高综合阅读能力、知识全面发展的关键平台。因此，要想解决图书角的困惑，首先要做的就是提高对图书角的重视。基于此，教师若能积极指导孩子有意识、有方向、有针对性地使用图书角进行阅读，不仅是学生，教师也能收到意想不到、事半功倍的教学效果。

由案例可知，苏老师的初衷是很好的，但是在建立图书角的过程中出现了一些问题。

#### 一、书籍类型和内容过于单一

图书角大多是语文类的书，例如《看图作文》《成语故事》等。没有及时更新图书角的书库，只是一味地遵从学校安排，设置内容单一的小学生课外书，随后便不再管图书角书库更新的事情。而一学期都一样的书，让学生从一开始的兴致高昂变为后面无书可读的乏善可陈。

**二、图书更新缓慢**

图书角的很多书都是学生捐赠而来的，老师并未花精力、花资金购置新书，且未建立一套有关班级图书角的使用管理制度。老师只是为了完成上级领导的任务去建设一个班级图书角而已，至于如何正确和最优化地使用，很少涉及。

**三、环境建设滞后**

当前的图书角只是为了应付上级领导而在教室里安置的一个大柜子。图书角只是一个书柜，放置在教室的后方，没有丰富的色彩，没有美丽的卡片和装饰，完全没有给学生营造一种安静温馨的阅读氛围。在某种程度上，这是有碍于提高孩子的阅读兴趣的。最后，根据学生的反映，我们可以得知，图书角一旦失去了对学生的吸引力，学生也就越发没有兴趣进行课外阅读了。再者，教师并没有发挥多少示范和指导的作用，缺乏一定的阅读影响力。

教师的言谈举止对小学生有着潜在的、根深蒂固的影响，教师的所有阅读行为都影响着学生的阅读，教师对学生的阅读进行指导对于师生之间良好学习共同体的形成有着巨大的推动作用。总而言之，教师对学生实施阅读指导，不仅有利于其教学工作，还有利于学生自身的知识学习。然而，教师普遍缺少这种既助人又助己的行为。由于上述原因，很多学生都表示自己对图书角不再感兴趣，从而导致他们使用图书角的频率不高。

**案例分享**

## 小小图书角　管理大学问

沈老师是一位有着6年工作经验的年轻班主任，她响应学校的号召，要在班级里设立“图书角”，她让每个学生带来一本自己的课外书。第二天，沈老师一走进教室，就看到了教室后面的书橱里已经塞满了同学们带来的课外书。看到同学们这么积极为班级做贡献，沈老师心里感到很欣慰。但在整理这些课外书时，她发现学生带来的书里有许多是适合幼儿园年龄段读的书，这些书显然已经不适合他们现在阅读，还有许多一样的书，这些书放在图书角里是没有价值的，反而会浪费图书角的空间。于是，沈老师仔细地对图书角的书进行了“审查”，让学生将不合适的书带回家，再带来一本合适的书，以保证图书角的书既有数量，也有质量。

“审查”完后，沈老师将书分类摆放，给每一本书都贴上了编号，还设立了《图书借阅记录本》，班级图书角正式开张了！沈老师利用晨会课的时间，在班级里宣读了图书借阅的规则：一次只能借一本书，还书后再借下一本书，一本书最多借阅5天，每次借阅和归还图书时都要写好记录，把图书弄丢的要赔偿一本新的书。

图书角开张的第一天，同学们热情高涨，平时课间教室里都是闹哄哄的，如今却有很多同学捧起了书本阅读，教室里安静了不少，沈老师甚是欣慰。但很快，令人头大的事情就发生了。放学后，沈老师独自回到教室，发现图书角里的图书乱七八糟的，她花了好长时间，才按照编号顺序把书理齐。沈老师心想：孩子们的整理能力还不行，自觉性也不够高，这样下去可不行，我得想想办法！于是，第二天，沈老师又利用晨会时间，对图书角的使用规则进行了强调：归还图书时，要按照编号顺序摆放整齐，同学之间相互监督、相互提醒。另外，沈老师在班会课上征求同学们的建议，选了两名比较细心的学生担任班级的图书管理员，每天放学时由他们负责整理图书角，并检查是否有同学忘记归还图书，或是没有填写记录，并对这些同学进行提醒和督促。自从图书管理员上岗后，图书角整齐多了！

半个学期过去了，图书角的借阅活动依然进行着。但沈老师渐渐发现，图书角的“生意”没有以前好了，借书的人少了，图书角“门庭冷落”，这是怎么回事呢？于是，沈老师利用课间随机访问了一些学生，问他们怎么不去图书角借书看了。原来，很多学生已经把图书角的书看遍了，所以才不再去借书！班级图书角有限的图书资源已经满足不了一些学生的阅读需求了。沈老师在办公室里谈到了这个问题，其他班主任表示也遇到了这样的情况，沈老师灵机一动："我们可以在班级之间交换图书啊！你班有 50 本书，我班有 50 本书，交换过后我们的学生就都能看到 100 本书了！""这个主意好！"班主任们一拍即合，马上安排班级之间交换图书。于是，班级图书角前又"门庭若市"了。沈老师笑着说："班级图书角的管理，也是门大学问啊！"

**解决策略**

## 让图书"漂"起来

班级图书角，是班级的物型文化。建设书香校园，让班级图书"漂"起来，是一种责任，也是一种义务；让班级图书"漂"起来，是学生的快乐，也是社会的幸福。如何让班级图书"漂"起来，使图书真正有"用武之地"，成为摆在语文老师和班主任面前的一项重要工作。

基于此，教师在引导学生借书、读书的过程中，要始终根据学生的认知结构和年龄特点，相信和尊重学生，给学生提供自由选择的机会，这样往往能收到良好的效果，有效推动书香班级的建设。

**一、改变借阅方式，自主选择阅读**

传统的借阅方式，虽然规范，但由于受各种限制的影响，学生往往会感到烦琐而放弃，近乎"因噎废食"。可以尝试做如下改革：每月由各班确定一个小组到图书角借书，自由在图书角选择喜欢看的图书；图书角只记录借出去的图书类别、本数，不再一一登记书目名称，省去了原先借一本书需要的许多麻烦程序；学生可以整体打包带回，供组内循环传阅，直至全部看完再交回图书角。你会发现，小小改变会收到意想不到的效果。团队可带动个人，让个人在团队中爱上阅读。

**二、定期更新图书，实现资源共享**

打造书香校园、书香班级，让图书角真正"漂"起来。定期更新图书，引导学生把自己喜欢的流行的图书带到班级来，才能从源头上解决问题。我们在努力营造"随时能读书、随处能读书、能读上自己喜欢的书"的读书环境的同时，也不能忽视图书本身。此外，我们还要充分开发和挖掘教师个人读物、学生个人读物、学校奖励性读物、家庭读物等各种阅读资源，通过学生在图书馆选一些、拿出自己喜欢的图书共享一些、学校通过节日奖励给学生的图书充实一些，再加上老师推荐的书目，丰富校园“移动书架”，让一批批学生、老师喜欢看的好书进入书架。

**三、实现自我管理，保障自由阅读**

“给人自由，任其选择”，最佳路径设计给了我们许多的思考和借鉴。建立有效的读书载体和满足师生读书的时空后，对班级图书角的图书财产实行学生自主管理。在课间师生自由阅读结束后，由各班组轮值管理人员将图书整齐摆放回漂书台，图书阅读本着“宁可读烂，不可放烂”的原则，全天向学生开放。班级图书角、漂书台图书管理员只每周清点一下书架上的书数，对于个别“丢”了的图书在班级公示栏内贴出“召回”启事，写清书名、作者、册数、原书架位置等信息，在下周清点时图书便又“跑”回来了。事实证明，图书不仅不会丢掉，反而会越读越多，大家都愿意把自己的好书拿来分享。

当然除了上述 3 点外，还要定期更新图书角的装饰风格，为学生营造一个良好的阅读环境。

由此综合来看，培养学生阅读的习惯，形成一定的阅读能力，是一项系统工程，需要持之以恒地做下去。

## 问题 2 如何让被学生忽略的黑板报成为育人的阵地?

黑板报是教室墙壁布置中占比最大的墙壁装饰板块，其在教室墙壁文化建设中发挥着重要的作用。与此同时，黑板报在学校的德育工作中也发挥着重要作用，参与黑板报的创设有利于学生的综合能力全面提升。因此如何真正发挥黑板报创设的德育价值，使其充分发挥育人阵地的作用，成为值得研究的重要课题。

## 问题情境

### 尴尬的黑板报

苏老师是一位高年级班主任，有 3 年的班主任工作经验。她现在所带的班级中小雪和小柏绘画特别好，所以苏老师把每月的黑板报任务交给了他们。小雪和小柏确实没有让老师失望，在黑板报评比中，一直取得很好的成绩。

小雪是一个女生，成绩在班级中处于中等偏上水平，有良好的班级组织能力， 是班级的文艺委员，每一期黑板报都会参与创设。小柏是一个男生，成绩优异，斯文、懂礼貌，是老师的得意门生，是学生学习的榜样，毛笔字写得好，经常参与黑板报的创设。

不知不觉中，一个学期已过半。来到月末，又到了出黑板报的时间。这一次，正好学校要举行期中考试。于是，几名出黑板报的同学围在一起讨论。小雪说："这次时间比较紧张，马上就要考试了，要不我们把黑板报的报头和主题板块文字改一下，绘画就不要改了吧？"小柏说："好主意，反正平时我们辛辛苦苦地画好了也没有人看，就为了评个分。"小雪的建议得到了所有人的支持，于是他们分工合作，利用一节课的时间改了黑板报的报头和主题版块内容。

后来，学校对本次黑板报进行了评比。苏老师所在的班级没有获得好的成绩，成了倒数。荣誉感极强的苏老师在得知成绩后，叫来了小雪和小柏，对他们的这种做法进行了批评，但是小雪和小柏也是满脸委屈。小雪说："黑板报创设挺重要的，我很喜欢让同学们看到我画的画、写的字出现在黑板报上，可是有时候因为要写作业，所以我不得不放弃参与办黑板报的机会。"小柏说："我很喜欢办黑板报，不过办黑板报会占用我写作业的时间，每次因为画黑板报而晚回家的时候，妈妈总要抱怨我又要写作业到很晚。"

在苏老师看来，学生年龄还小，他们欣赏黑板报应该只会从是否好看这个角度出发，所以班级的黑板报以及教室里的其他墙面布置几乎都起到了装饰的作用。虽然班级也对黑板报进行了装饰，但是孩子们究竟能不能从中有所收获，她也不太清楚。如果说发挥价值，那应该就是创设期间和创设后的一至两周对孩子们来说有所收获，时间久了他们就不会再关心创设后的黑板报了，黑板报也就成了花架子。

从这个事例中，可以看出他们在黑板报创设任务的分配方面似乎考虑得不够得当。对于低年级的老师而言，常常选择亲自上阵，像苏老师这样的高年级老师则偏向于选择在艺术方面有特长的学生，然而这样的任务分配不免有些敷衍了事。

**情境分析**

## 黑板报真的是“花架子”吗?

其实像苏老师这样，认为黑板报是“花架子”的教师不在少数。他们大多还是被传统的教育观念束缚，认为学校是教育场所，教书育人是第一要务，提升学生的学习成绩才是重中之重，其他方面都可以放一放。与此同时，存在应付了事或拖延更新周期的问题。因为教师的教学工作繁忙，学生的学习任务繁重，他们只好挤出时间来进行黑板报的创设。

但是，想要出一期优质的黑板报，在创设的构思、排版、人员安排、绘画等环节都是需要花费一定的时间的，这样的创设时间安排很难办出高质量的黑板报。另外，创设人员分工不到位。苏老师选择了固定几个有绘画基础的同学，而没有考虑黑板报的创设是一个需要全班参与的文化建设过程，久而久之，导致班级的学生们形成了黑板报是专人专事的固定思想，几年下来参与黑板报创设的还是那几名特长生，导致学生的黑板报创设参与度低。深究原因，主要有以下几点：

### 一、观念束缚

老师和学生被传统的教育观念束缚，他们认为学校是教育场所，教书育人是第一要务，而不是搞文化建设的地方，抓好学生的学习、提升学生的学习成绩才是重中之重，其他方面都可以放一放，搞文化建设浪费人力物力，没有什么实质性的价值。

**二、内容浅显**

在黑板报的设计中，教师和学生没有通过实践总结得到的经验知识，他们的认识还只是停留在表面，没有深入了解其具有的内涵，也没有通过实践去探讨其存在的价值，更不用说利用理论知识来指导黑板报创设的实践。

**三、参与度低**

在黑板报的设计中，许多老师只会挑选在绘画和写字方面比较好的学生来进行黑板报的创设，其他没有这两方面特长的学生不在老师的考虑范围之内。从中也可看出许多学生在绘画和写字方面是不擅长的，这也是老师只挑选在艺术方面有特长的学生参与黑板报创设的原因之一。

**四、积极性弱**

在学生方面，在挑选黑板报创设人选的时候，一些学生因为怕耽误学习直接放弃了参与黑板报创设的机会，而参与黑板报创设的学生经常出现边玩边创设、拖延创设时间的现象，如果老师们不监督和催促，他们就不认真去完成，从中可以看出他们没有认真对待黑板报创设这件事儿，参与创设的积极性不高。

综上所述，只有解决上述 4 个问题，才能保证黑板报创设的开展，充分发挥黑板报这一育人阵地的价值。

**案例分享**

## 板 报 风 波

小云、小轩、小灿 3 名同学经常一起学习，一起玩耍。她们是班级里著名的“黑板报铁三角”。每次轮到她们负责黑板报时，3 个人你画一笔，我描一下，总要花上两三天的时间。

小云性格活泼、勤于思考、擅长策划，板报的主题、排版都出自她的手，她是板报小组的“发动机”；小轩身材高挑，手指纤长，写得一手漂亮的粉笔字，大段文字书写非她莫属；小灿年龄略小，平静寡言，脸上总是挂着腼腆的笑，她特别喜欢绘图，色彩搭配、精巧构图、意境展示是她的特长。

月底，等待更新的黑板成了姐妹花“大显神威”的舞台，但是这次情况有些特殊。小云嘟起嘴："下周期中考试，妈妈说只要我成绩进步，就带我出去玩。"小轩应和："是的，出黑板报太浪费时间了。要不我们简简单单改一下？"小灿说："好主意，反正平时我们辛辛苦苦画好了也没有人看，就为了评个分。"于是，三个人一拍即合，她们把内容、标题简单改了下，完成了本期的黑板报任务。

班主任苏老师见到黑板报的内容几乎没改动，于是把3名同学叫到办公室。苏老师了解到是因为临近期中考试，时间紧迫，所以她们才草草了事。情况了解清楚之后，苏老师对3名同学说："黑板报是我们班展示班级风貌的地方。我们班班风学风这么好，展示出来的黑板报也应该很好。时间来不及，那我们想想办法，一起解决吧！"

这时，小云说："对于这次板报，我倒是有个主意，不知道行不行。"大家都瞪大眼睛好奇地看着她。"我擅长版面设计，我来设计几个版块。小灿绘画好，来画插图。小轩字写得漂亮，你来写字。这样大家分工明确，应该利用半天的下课时间就能完成！"

"同意！就这么办！"苏老师看到她们齐心协力的样子，会心地点了点头。于是她们3人一同离开了老师办公室，一到教室就迅速干起活儿来。

小云拿起粉笔，在黑板上做起了设计，一会儿工夫就把几个版块设计好了。在小云设计的时候，小轩找板报的内容，再用自己的巧手把选择好的内容写在黑板报上。最后小灿又画上了边框和插图。很快，一期黑板报就出好了，主题鲜明，版块清晰，色彩鲜艳，字迹清楚。其他同学看了都纷纷投来赞许的眼光。苏老师赞道："三个臭皮匠，赛过诸葛亮。你们可真棒！"

后来，苏老师在班会上表扬了她们，并说，黑板报是一门隐形课程，如果黑板报上的文字内容能够更多地涉及学生的日常生活、学习、爱好、想法，那么黑板报将成为他们自我表达、心灵交流的一个平台，学生把想说的话通过黑板报这一平台呈现出来，黑板报上的"无声的话"就能产生心灵交流的作用。除此之外，苏老师还征集了大家参与黑板报的意愿，10多个同学兴奋地举起了手！

## 解决策略

### 小小板报——“润物细无声”的育人阵地

每个教室后面都有一块与白板遥遥相对的黑板。每个月，学校德育处都会安排黑板报的主题，黑板报是教室物型文化展示的重要阵地。而今，这方传播知识、启迪智慧、撒播文化气息的“宝地”逐渐失去了育人的作用。其实，只要运用得当，黑板报将是学生们展示才华、拓宽视野、增长知识的重要窗口，也是一个班级集体精神的全面展示。

**一、重视学生的参与，让黑板报成为学生的主秀场**

黑板报位于教室后方，对于它的存在意义，学生是最有发言权的。因此，在明确每月的板报主题后，不妨鼓动学生集体参与，利用班队、晨会等时间，从黑板报的版面设计、文字编辑、书写等各个方面，群策群力。学生侃侃而谈，献计献策，而班主任只要将学生的建议和想法进行梳理和罗列，最后以认领的方式将需要完成的任务交给学生即可。这不仅解放了班主任的手、脑，还易于激发学生的积极性，增强学生的合作能力和组织能力，真可谓“一举多得”。

**二、伸出援助之手，让黑板报成为增进师生关系的纽带**

初次办黑板报，学生往往会觉得很茫然，不知道从何处着手，这时班主任不妨伸出援助之手，扶上一把。比如说德育处每月提供的主题比较宽泛，涵盖面比较广，对于学生来说，很难找到切入点，这时班主任可以从一个旁观者的角度，给予学生合适的建议。这样的方式，改变了老师“独断专行”的局面，让学生敢于发表自己的见解，不再唯命是从，师生关系也会更加民主、和谐。

**三、精心筛选内容，让黑板报成为育人的阵地**

黑板报是面向全体同学的，如果内容单一，受众面自然就小，效果也会大打折扣。因此，好的黑板报应该在符合每期主题的基础上，尽量充实内涵。比如爱国主题的黑板报，除了选取古往今来的爱国志士、爱国事例、爱国名言、爱国诗篇等，也可以有新时期的爱国要求，如社会主义核心价值观、八礼四仪、习爷爷听我说、班级学生的爱国感言等。只有选取的内容符合学生的需求，是学生乐知和好知的，学生才会有关注的兴趣，黑板报才能起到“润物细无声”的作用。

**四、追求形式精美化，让黑板报给人以美的感受**

好的黑板报要像一件艺术品，不仅要内容丰富，也要构思精巧。如果根据主题和内容的需要进行精美的设计和构图，再用漂亮的书法和插图做呈现和点缀，图文并茂，让人赏心悦目，自然也容易内化于心。如中秋主题可用“众星捧月”式，读书主题可用“打开的书本”式，体育主题可用“奥运五环”式等。内容和形式完美结合，才能呈现夺目的效果，让学生真正走进板报文化的点点滴滴，让板报的育人效果渗进学生的心田。

## 问题3　如何让班级绿化角成为育人的平台？

为了进一步增强学生的绿化、环保意识，争做护绿小使者，许多班级建立了自己的班级绿化角。班级绿化角的布置，不仅给班级增添了绿色，还锻炼了同学们的动手能力和实践能力；增强了同学们的环保意识，让他们感受到美化环境的意义，从小养成爱护花草树木的好习惯，懂得“绿化环境，从我做起”的重要性。

### 问题情境

**逐渐凋零的绿化角**

亲近自然是孩子们的天性，绿色植物是大自然的馈赠。花花草草，在教室内点缀一角，就组成了清新可人的绿化角。新学期的第一天，苏老师提出了创建绿化角的想法。

苏老师在班会上对同学们说：“为了让绿色走进教室，下周一同学们可以选择一个自己喜欢的盆栽拿到教室当中，为我们的教室增添春天的色彩。”

周一到了，同学们十分踊跃，从家中带来了各式各样的花花草草。班级绿化角建好了，同学们带来的许多绿植小盆栽把教室装点得绿意盎然。青翠欲滴的枝叶，星星点点的灿烂小花，点亮了整个教室，令人感觉连教室里的空气都清新了许多，可见绿化角的美化作用是多么强大啊！

后来，苏老师在班级内组织了一次作文比赛，主题就是“我们班的绿化角”。小文在作文中写道：“那青翠欲滴的君子兰、色彩斑斓的花卉、攀缘在窗台边的绿色藤蔓，还有文竹、吊兰、仙人掌、富贵竹……这些都让人眼前一亮，令精神为之振奋。”

为了维护好绿化角，确保这些植物生长得更好，班主任苏老师特地安排了两名班级“护绿小精灵”，专门照看这些植物。老师叮嘱她们，早晨来校后，要将小盆栽拿到走廊上，傍晚放学时，要把它们搬回教室绿化角，要经常给它们浇水。两名“护绿小精灵”每天都按照老师的要求细心地照看这些盆栽，盆栽成了她们两人的责任。

苏老师想，如果绿化角单纯用于美化教室就太浪费了，还可以挖掘出不少德育功能。比如，在植物的挑选和养护过程中，可以培养孩子们的环保意识，增强孩子们的责任意识；在观察植物生长和改进绿化角的时候，提升孩子们运用科学知识的能力，培养孩子们的探索精神。与此同时，从绿化角延伸出去，可以开展一些与之相关的教学、教育活动，进一步激发孩子们参与绿化角的热情和兴趣，同时也达到育人的目标。

虽然苏老师的想法很好，但是很快第一个问题就出现了。在养护过程中，问题层出不穷，不是盆栽被打翻，就是植物越长越不精神。除了两名管理员，其他同学对这些小盆栽一点儿都不关注，一点儿都不关心。

除此之外，苏老师对于如何借助绿化角发挥好育人作用也十分困惑。一是在时间安排上，学生课余时间有限。一旦下课，学生们还是愿意到校园活动，而不是仔细观察植物。二是德育教学无从下手，不知道怎样将这些植物与德育结合起来。对此，苏老师感到很困惑，如何让小小的绿化角成为育人的平台呢？

情境分析

## 莫让绿化角成为死角

绿化角是班级环境创设的一部分，它把大自然从室外引入室内。随着教育的改革创新，我们认识到绿化角创设对学生的教育和发展有积极的推动作用。面对现实，我们开始思考、调整、改变，充分挖掘其价值。因此，我们要正视绿化角创设现状，思考其成为死角的缘由。

从全局来看，绿化角存在品种单一的问题。第一，许多教师将绿化角创设当成一个任务，注重形式，应付检查。教师让学生带一些有观赏性的植物放在绿化角，既无实验区，也无操作区，不能激发学生参与的兴趣和热情，绿化角很快成为一个死角，无人问津。第二，随意摆放不美观。绿化角是大自然的缩影，教师将植物随意地摆放在花架上，既不分类，也无层次，缺乏美感。第三，价值功能未体现。绿化角可以调动学生运用手、眼、鼻等多种感官去观察、探索、发现，是学生身边的实验区。但实施时，教师不重视，学生不参与，绿化角成为一种摆设，任何价值功能都得不到体现。

由案例可知，苏老师的目标是希望绿化角能够成为一个育人的平台，但是在绿化角管理和应用过程中出现了一些问题。班级是学生的第二个家，学生是班级的灵魂。正所谓“环境造就人”，良好的班级环境潜移默化地影响着每个孩子，起到“润物细无声”的作用。第一，绿化角是面向全体学生的，只是指派两名“护绿小精灵”显然是不够的。对此，苏老师可以制定分工明确、细致的值日轮流表，分别于每天的早、中、晚定时维护并监督与检查。第二，绿化角养护并不是随意的，对此苏老师可以针对不同植物来进行指导。这在养护的同时，还培养了孩子们的细心、耐心和爱心。第三，班级的花卉种类很多，在春、夏、秋、冬都会有不同种类的花竞相开放，深度挖掘花卉背后的花语精神，以及蕴藏的其他价值也是有效的育人途径。

因此，为了改善案例中的问题，苏老师可以从以下几方面对绿化角进行优化。第一，从种植到内涵，向学生普及宣传花草知识，鼓励学生在爱护植物的同时，积极收集各种绿植，将其摆放在教室适宜的角落，美化教室，建成班级里的绿化角。第二，鼓励全员参与绿化角维护，通过定期组织更新“班级护绿”小组，加强对绿植的管理。每天按时浇花，保持绿植及花盆的整洁卫生。第三，及时更换变黄、枯萎的花草，努力使班级成为“绿色海洋、花的世界”。可引导学生观察记录，以此促进学生养成护绿意识，进而通过创建、管理绿化角的活动，激发学生热爱集体、热爱绿色的责任意识，培养学生的主人翁精神。

**案例分享**

## 不省心的“小可爱”

小何老师是一名有4年工作经验的年轻班主任，工作认真负责，对待学生很有耐心。开学初，学校德育处要求在每个班级里设立“绿化角”，小何老师就让孩子们带来一些易于培植的小盆栽。同学们一听，可高兴了。第二天一早走进教室，就见孩子们的课桌上摆着各式各样的盆栽，整个教室仿佛是个植物园。孩子们都饱含期待地看着小何老师，小眼睛仿佛在说：“老师，看我的植物，多好！”小何老师走了一圈，发现同学们带来的植物种类很多，有常见的绿萝、吊兰，也有现在比较受宠的多肉植物，甚至还有同学带来了一个大大的仙人球……真是看得人眼花缭乱。这么多的盆栽，如果全部放在班级绿化角，那肯定是放不下的，于是小何老师挑选了不同种类的几盆绿植放在了班级绿化角中。

既然植物有了，那么就要安排同学照顾这些“小可爱”了。于是，小何老师在班会课上征求同学们的建议，最终选了两名同学成为班级的“护绿小精灵”，由他们照顾这些小盆栽。为了使他们的工作更加得心应手，小何老师还特地对他们进行了培训，叮嘱他们早晨把植物搬到走廊上晒太阳，放学前再搬进来，每天下午给它们浇水。第二天，“护绿小精灵”们就开始认真工作了。同学们下课的时候，也会围在这些植物旁边，看看它们有什么变化。看着大家对这些绿植的爱护，小何老师非常开心。

突然有一天，“护绿小精灵”小兰哭哭啼啼地来到办公室。“小兰，你怎么了？”小何老师很惊讶。“老师，今天我在搬仙人球的时候，一不小心被它的刺扎到了，都出血了，好疼啊！”听了小兰的话，小何老师马上带着小兰去医务室里消毒包扎，还联系了孩子的家长，讲明了事情的经过，请家长在家里多关注孩子的伤口，一旦伤口过敏及时去医院，并告诉老师。小兰的事情让小何老师意识到：虽然仙人球易于种植，但是对于小朋友来说，它是比较危险的，一不小心就会被刺伤，不适合放在班级的绿化角中，于是让孩子将仙人球带回去了。所幸有惊无险，没过两天，孩子的伤口痊愈了，也没有过敏。

就在小何老师庆幸的时候，“护绿小精灵”小林又急匆匆地来到办公室说道：“老师，今天放在走廊的那盆绿萝不知道被谁踢倒了，玻璃瓶破了，水都流到了走廊上，现在那些绿萝还躺在走廊上呢。”小何老师听了，马上将走廊上的玻璃碎片清理掉，并给绿萝换了一个盆，将它种在了一个塑料盒子里。

一连发生了两次意外，小何老师特地在晨会课上对班级孩子进行了教育，希望他们在养护、观看的时候要小心，更不要去破坏它们。

就这样平安无事了一阵子，突然有一天，孩子们又跑来了：“老师，那盆漂亮的多肉烂了。”小何老师一看，还真是，是孩子们没有用心照顾它吗？可是两名“护绿小精灵”工作都很认真，经常给它们浇水。于是小何老师就上网查找资料。原来，有的多肉植物在生长中并不需要很多水分，有的甚至可以一个月不浇水，水太多了，反而长不好，若水一直浇在花心里面，还容易烂根。看来不同植物的养护方式是不一样的，孩子们如果没有相关的知识，还真照顾不好这些可爱的植物呢。小何老师从网上搜集了一些资料，细心地为孩子们讲解不同植物的种植方法。回到了办公室，小何老师愁眉苦脸地说：“原来这些易于种植的小可爱们一点儿都不让人省心啊！”

### 解决策略

## 把绿意搬进教室

班级绿化角的建立，除了美化教室环境，净化教室空气，营造静谧安宁的学习氛围之外，更重要的是让孩子的心灵得到净化。绿化角作为学生认识自然的直接途径，让学生成为管理的主人，能真正体现绿化角的“活”教育。

基于此，绿化角建设需要考虑以下几点：第一，与主题相结合。将绿化角创设内容与主题活动有机联系，两者互为补充、互相渗透、互相促进，让学生在主题探究中获得的经验在观察绿化角的过程中得到进一步的验证。反之，绿化角也成为主题活动开展的有力补充和延伸。第二，与季节相吻合。绿化角作为一个独立的区域存在，教师把它纳入景观环境中，赋予其季节性特征。在“丰收的秋天”主题中，让学生带来各种各样的水果，做成各种水果娃娃，放置于绿化角供大家观赏；秋天是各种农作物丰收的季节，收集芝麻、高粱等放置于绿化角，让学生观察、感受秋天的丰收。第三，与班级特色相融合。在绿化角的创设过程中，为了突显个性，教师可以将班级特色与绿化角创设融合起来。从绿化角管理来看，可在以下3个方面增强其育人功能。

**一、责任心的培养，爱的熏陶**

现在的孩子在家备受宠爱，缺乏责任意识，而照料植物需要责任心和爱心，如果忘了浇水，植物就会变蔫，所以护绿的过程其实就是培养学生责任心、爱心的过程。孩子毕竟是孩子，非常稚嫩又容易忘事，有时高兴了，会在盆边伫立，有时顾着玩耍，就会忘了绿植。所以需要老师适时提醒，甚至把植物的“惨状”指给孩子们看，让孩子们心疼一番，让他们知道这些小生命需要他们去照料、去爱护，体会自己的行为会造成的后果，培养他们的责任心。培植一株植物不是一件易事，在老师的引导下，教会学生珍惜他人劳动成果，学会感恩。

**二、学到植物知识，树立环保意识**

植物的选择尤为重要，因此要做好前期的准备工作。可以布置制作植物卡片的作业，一年级学生不会写字，可以请家长协助。要求卡片上要写好植物名称、植物特性、守护人3个信息，其中植物特性要写得详细一些。比如植物名称：虎刺梅；植物特性：喜温暖、湿润和阳光充足的环境，稍耐阴，但怕高温，较耐旱，不耐寒；守护人处写上植物小主人的名字。要求带来的植物都必须有自己的“身份证”，这样不仅带来的植物质量变高了，作为盆栽的守护人，孩子们要根据植物的特性来照顾它们，也会在无形中培养他们爱植护植的责任心和实践能力，守护人之间也要学会分享护植经验，相互学习，这样能够学到不少植物知识，增进大家对大自然的认识。班主任也可以在班级中开展植物竞答活动，把护植知识渗透到每个守护人的心里，潜移默化中树立他们的环保意识。

**三、爱美之心的培养，陶冶性情**

通过班级绿化角的建设，孩子们带来了自己动手种植的绿植，甚至连花盆也不是真正意义上的花盆。同学们变废为宝，再次利用，在一次性纸杯、纸碗中装入泥土，将饮料瓶拦腰截断作为花盆；把家里的奶粉罐摇身一变，成了铁花盆……在这个过程中，孩子们知道了只要肯动脑筋，勤于动手，富于创造，生活中处处都能发现美，学会了在平凡的生活中创造美。

合理有效地运用班级绿化角，把盎然的绿意带进教室，不仅净化了空气，美化了环境，还让学生吸收了一股蓬勃向上的力量。布置好班级物型环境，一个绿色和谐的美丽班级将悄然而生。

## 问题 4　如何利用班级育人阵地给学生传递正能量?

一个班级有了自己的文化，那么这个班级就有了蓬勃的生命力，就有了自己的形象。这种文化是一种精神，它看不到，但又无处不在，每时每刻都影响着每一个学生和老师。班级育人阵地作为传播班级文化的重要场所，对传递给学生正能量起到重要作用。因此，如何利用好班级育人阵地是班级环境设计中不可忽视的内容。

### 问题情境

**荒废的班级育人阵地**

新学期伊始，一年级的小朋友离开生活了 3 年的幼儿园，进入新的环境，成长为真正的小学生。苏老师是第一年当班主任，她带的班级是一年级，年轻的她对班主任工作充满了热情和期待。

为了让彼此陌生的小朋友尽快融入和适应新的环境，迅速建立起班级的概念和集体意识，学校在学期初就进行了教室文化建设。

苏老师决定带领孩子们确定班级标志——班名和班徽。一年级的孩子思维发展还不成熟，在设计过程中需要老师多进行引导。但是看着教室墙上的“学习园地”“喜鹊台”“小喇叭”等墙报版块，苏老师一时束手无策。在请教了同年级的老教师后，苏老师决定在班级的“学习园地”中张贴一些学生的优秀作业，在“喜鹊台”上公布学生的获奖喜讯，在“小喇叭”里贴上班级的通知。考虑他们喜欢形象的图画和卡通人物，苏老师引导孩子们选择自己喜欢的事物的名称作为班名。

在设计中，孩子们各抒己见，有的说小花，因为小花漂亮，开在路边很好看；有的说小蜜蜂，因为小蜜蜂每天飞来飞去很勤劳；有的说小浪花，因为无数的小浪花汇聚成美丽的海洋；等等。班主任引导孩子们相互讨论，最终孩子们决定选择太阳花作为班级名称，因为太阳花向阳，每天都笑弯了腰。班主任随即带领小朋友们选择太阳花作为班徽的背景图案，并在太阳花的左上角和右下角分别添加一个小女孩和一个小男孩，代表班级的女生和男生。在太阳花的中间加上“1・3”字样，代表一年级三班。

班名和班徽设计好之后，班主任带领大家完成了班级目标、班级口号、班风和班训的拟定。这些内容完全围绕“太阳花”的精神和特征来设计，依然是孩子们积极参与讨论，班主任基于孩子们的讨论情况给予提示和引导，最终总结提炼出具体内容。

刚开始布置好后，学生感觉比较新鲜，经常有一部分学生围着看，读一读园地中的精彩写话。但是一个月之后，板报的内容没有更新，学生已经不再关注，这么好的育人平台就等于荒废了。在问到学生时，小红说：“一开始还感觉挺新鲜的，但是后来一直没有变化，每天看着看着就没有了兴趣，后来就不关注了。”小明说：“育人阵地里面的内容虽然很有意义，但是部分内容比较深奥，对其中一些内容不太理解。”面对困惑，苏老师不断地思考：怎样建设一个能让学生理解的育人阵地？怎样能够让学生保持对育人阵地的兴趣？怎样让学生参与到育人阵地建设当中来？如何利用育人阵地给学生传递正能量，激励学生不断进步？一个个问题向苏老师走来……

**情境分析**

### 让学生成为育人阵地的主人

班级育人阵地是一个在老师的指导下，全体学生参与设计的具有班级鲜明特色的文化展示牌。它包括班名、班徽、班训、班级口号、班级目标、班主任寄语等。班级名片体现了班级的整体风貌，是一个班级精神的缩影。

在案例中可知，大部分学生是很少参与班级环境建设的。班主任认为小学生不成熟，不理解班级环境的创设，所以很少给小学生参与班级环境创设的机会。这主要体现在以下几个方面：第一，在板报的设计上，班主任直接交给文艺委员或者字写得较好的同学，大部分学生得不到设计板报的机会；第二，在教室的布置上，名言、警句、条幅的粘贴，图书角的整理工作，教师怕学生出现安全问题，就自己动手进行布置了；第三，在班级制度的制定上，班主任觉得小学生不具备这些能力，直接包办等，学生能真正参与班级环境建设的机会少之又少，导致学生主体意识得不到发挥。因此由案例可知，班级育人阵地没有激发学生的兴趣。众所周知，小学生的学习是需要兴趣激发的，若学生对一个事物不感兴趣，那么他是无论如何都不会去学习的，即使去学习，效果也不会好。

通过调查，学生仅对班级育人阵地的部分内容感兴趣，而对相当大一部分内容不感兴趣。这个问题其实十分普遍，究其原因有以下两点：

**一、班级育人阵地重视程度不够**

教室墙壁文化中的内容大多空泛，没有提供给学生们充足的知识，久而久之，导致学生不在乎、教师不在乎、学校不在乎，用一种可有可无的态度去对待班级育人阵地，没有定期更新内容，因此没有给学生一个良好的导向作用。

**二、老师对育人阵地的理解存在偏差**

班主任对于班级育人阵地的理解存在偏差，甚至有的班主任对于如何建设班级育人阵地是不清楚的，在班级育人阵地建设中没有形成坚定明确的目标，认为班级育人阵地建设就是为学习服务，一味地追求班级成绩，这种狭隘的观念让班主任对班级育人阵地建设的了解片面，最终导致班级育人阵地建设出现问题。

综上所述，要想解决案例中类似的问题，首先要对育人阵地提高重视度，摆正对育人阵地的观念。在此基础上，结合班级的实际情况，让学生参与育人阵地设计，激发学生的兴趣和热情，进而更好地发挥育人阵地的作用。

**案例分享**

### 我们班的“藏金阁”

有一天的道德与法治课，上课的内容是“夸夸我的同学”。课上，小陈老师让学生夸夸班级里的同学，可是，大家夸奖的对象几乎全部是班级里成绩优异的孩子，夸奖的理由也都是他们成绩好。这件事给小陈老师的内心带来了很大的冲击。很多时候，不仅是大人，甚至孩子也越来越多地被成绩束缚，我们的眼睛里看到的只有分数，而忽视了太多美好的事物。每个人都有优点，每个孩子都可以被表扬，小陈老师决定让班级的孩子们对自己的伙伴有一个全新的认识。

第二天早上，小伦同学一走进教室，就看到一群同学围在班级学习园地前面，他抑制不住好奇心走近一看，原来陈老师在学习园地里开辟了一个新的板块——藏金阁，边上写着“是金子总会发光”。小伦同学看到“藏金阁”里贴了4封表扬信，其中有一封是写给自己的：“小伦同学，你的同桌已经请假三天了，老师看到你下课整理课桌的时候，总会帮忙把同桌的课桌一起整理干净，为你点赞哦！”看完表扬信后，小伦同学不好意思地笑了。他是班级里的学困生，平常因为作业上的问题，常常受到老师的批评。因为成绩差，所以他也有些自卑，不爱说话，同学们自然也不爱跟他玩，久而久之他变得独来独往，没有了朋友。这封表扬信或许是许久以来小伦同学得到的第一次表扬吧，所以当看到同学们向他投来赞许的目光时，他有些受宠若惊、不知所措，但内心的喜悦丝毫掩饰不住地从嘴角流露出来。同学们看着这些表扬信，异常兴奋，七嘴八舌地讨论着那些以往被忽视的暖心举动。

小墨同学是这个学期刚转过来的，由于父母工作变动，来到新学校新班级，有许多的不适应。虽然他的成绩一直处于上游，但是在班级里总是比较孤僻，即便同学有意想要和他交流，也是问一句答一句，总是板着脸。陈老师注意到了这个问题，在“藏金阁”里给他留了一封表扬信，一是对他的成绩表示肯定，二是告诉他：“你笑起来真好看，许多同学都希望和你做朋友”。小墨同学看到后，脸上浮现出笑容。逐渐地，也有同学主动与他交流学习了。

第一次在“藏金阁”里展示的4封表扬信，都是陈老师写给平时在班里默默无闻的孩子的，从此以后，大家对班级里的同学有了新的认识，会从不同的角度去发掘同伴身上的优点，班级氛围也变得越来越好。渐渐地，“藏金阁”里的表扬信越来越多，甚至还有几封表扬信是同学自发写给帮助过自己的伙伴的。像小伦同学那样平时很少被关注的孩子，也从班级的“藏金阁”里发现了自己的价值，变得开朗了许多。

**解决策略**

## 无声的导师——墙报文化

让每一块墙壁说话是我们作为班级主人的任务之一，墙报文化一直以来都是班级文化中不可缺少的一部分，千万别小看那一块块绚丽多彩的墙报，它集语文、数学、英语、天文地理等各科知识于一体，集知识性、教育性、艺术性于一身，也包含着墙报编辑者的智慧和灵感，是我们班级主人的无声导师，是编辑者综合实践能力的体现，不仅丰富了班级物型文化建设，更能提升班级主人的整体素质，促进班级主人的健康成长。那么如何才能让我们的墙报文化不遗余力地发挥它的作用呢?

**一、定时更新内容**

定时更新，需要根据不同时期学生教育的侧重点来选取内容。班级内的每一面文化墙虽然内容不同、风格各异，但是它们都蕴藏着同一个主题，即面对浩瀚的知识海洋，一定会有侧重点。如每年的学雷锋月，墙报的内容应该主要突出宣传雷锋的事迹或者学生周围的“小雷锋”事迹。又如，在某个特殊时期，墙报又承担着不一样的使命：宣传新冠病毒知识、防疫知识等。

**二、调动学生积极性**

调动学生的积极性，让学生明白墙报文化的作用和意义，积极参与墙报文化的布置和建设。墙报不仅可以美化教室的环境，也能拓宽学生的知识视野，丰富学生的学习生活，对学生具有潜移默化的影响。而墙报布置，不管是主题的选择、资料的收集，还是版面设计、构图、美化，到最后的文字誊写，都蕴含着学问。一张张小小墙报的制作，可以展现学生各方面的能力，同时也是对其各方面能力的锻炼和提高，应鼓励学生人人参与，培养学生的主人翁意识。

**三、丰富课外知识**

以墙报为契机，鼓励学生查阅资料，丰富学生的课外知识，提高墙报的质量。想要办好墙报，少不了要从无穷无尽的知识海洋中查找资料。以办墙报为契机，鼓励学生通过多种方式查阅资料，比如网页搜索、图书馆查找、同学之间相互交流所看的书、观看电视、请教有经验的人等，而这个过程可以使学生学到很多书本上学不到的知识，拓宽视野。在收集到各种资料后，还有一道难关摆在眼前——对资料的整理、分类、加工。学生通过对资料的整理，编辑能力可以得到提升，而墙报的内容也会变得更加生动有趣、丰富多彩。

**四、定期检查评比**

组织学生定期检查评比，展开讨论，总结经验。经验的总结提升了学生的办报能力，因而在墙报文化布置完成之后要进行检查评比，交流讨论，总结经验。可以召开主题班会，专门讨论墙报文化布置过程中的得与失，学生提出问题，教师给予一定的指导或者全班进行讨论，得出方法；也可以邀请墙报办得出色的学生在班会上分享心得。教师应通过主题班会的召开，加强学生之间的交流；通过表扬优秀的作品，让学生体验成功的喜悦；通过展示作品供他人欣赏，让学生获得快乐和成就感，从而提高学生的自信心，激发学生的上进心，提升学生的办报能力。

墙报这片乐土，应由学生亲自耕耘，以发展学生的个性，造就班级特色。

## 问题 5　如何系统性思考班级环境建设，增强班级凝聚力？

班级环境是学生在校生活的基本环境，对学生的发展和一个班级的凝聚力产生潜移默化的影响。建设班级环境是一项重要工作，只有了解班级环境的内涵及对学生的影响，掌握建设优化班级环境的策略，才能更好地利用班级环境增强班级凝聚力。班主任作为班级工作的组织者与引导者，对班级环境建设起带头作用，因此本问题站在班主任视角，对如何系统性思考班级环境建设，增强班级凝聚力进行探讨。

### 问题情境

**干净整洁≠好班级**

一个整洁干净、幽雅美观、舒适怡人的物质环境对班级文化发展起到促进作用。但是怎样才能营造一个好的班级环境？

李老师和王老师是某小学从教多年的老师。两位老师素以严厉著称，作为班主任，所带班级的成绩也一直不错。但是两位老师对班级环境作用的认识不深刻。

李老师要求学生做好值日、擦好黑板、班级的桌椅摆放整齐，认为为学生提供一个良好的教室环境很重要。但是李老师仅仅局限于环境干净整洁上，认为班级文化建设是一种看不见、摸不着的东西，没办法具体衡量，只能在平时多严格控制学生的行为，对班级内的风吹草动悉数了解，将学生的不正确行为扼杀在摇篮里。

在李老师的要求和影响下，李老师所在班级的环境在学校多次卫生评比中名列前茅。但是由于李老师不注重班级环境建设工作，其所在班级的黑板报、育人阵地等十分简单，所在班级学生也对此并不在意。李老师班的小红说："老师对我们班级环境要求不高，只要干净整洁就好了，虽然其他班级的环境看上去很好看，但是并不能带来好的成绩。"

李老师说："我们班的风气是向上的，学生没有什么大的问题发生，班级发展很稳定。"在被问及是否需要对班级环境进行优化时，李老师说："我们班的班级环境还需要优化，重点是班级心理环境的创设与优化。但是在创设优化过程中，班主任的压力极大，教学任务繁重，加上自身能力素质有所欠缺，对班级环境的相关内涵不太了解，没有精力与心思去仔细琢磨。"

王老师与李老师相同，对教室卫生严格要求，杜绝卫生脏乱差，在教室布置中，也会做板报，板报内容与近期的教育活动主题相符或是能够给予学生一定的教育启发，但是到学习紧张的时候会停止相关内容的安排。与此同时，王老师认为班歌、班训、班徽这些东西都是形式化的表现，他的班级没有必要实行这些，一个班级共同的奋斗目标就是认真读书、严以律己。在他看来，班级风气就是为了给学生提供一个良好的学习氛围，班级成绩的好坏表明班级水平的高低。

王老师班的班长说："我曾经向老师主动要求美化一下班级环境，但是老师说与其花时间弄这些，还不如把你的成绩提高一下，后来我就没再提什么要求了。"

当被问及是否需要对班级环境进行优化时，王老师答道："我们班的班级环境是需要优化的，由于班级管理的事务比较繁忙，就耽搁下来了。我也知道班级环境的重要性，在接下来的工作中，我需要学习班级环境创设与优化的知识，弥补自身的不足。"

情境分析

## 不容忽视的班级环境

班级环境是班级物质环境的核心组成部分，班级环境是人为的，是可以由师生共同改善的，教学场所美观大方、舒适怡人是教学活动顺利开展的前提，教学用具的完善、良好能使教学质量提升。班级文化是一个班级的整体氛围，是班级共性的体现。而这种共性又是建立在所有孩子丰富多彩的个性之上的。班主任和全体学生通过长期的努力、团结协作，共同打造班级的独特风气，所以良好的班级环境建设有助于增强班级凝聚力。案例中两位老师主要存在以下4个问题：

**一、对班级环境建设不够重视**

李老师对班级环境的理解十分片面，仅局限于环境干净整洁上。王老师虽然肯定了班级环境的作用，但是由于各种原因，并没有付诸实践。然而在实际工作中，班级环境包括许多内容，在完成学校任务、遵循学校共性发展中谋求班级个性发展，是每一个致力于打造优良班级文化的班主任的目标。

**二、缺少对班级环境建设功能的理解**

两位老师均认为成绩至上。殊不知，良好的班级环境不仅有利于班级文化的建设，还有利于学生全面发展。

**三、缺乏主题，忽略细节**

一些班级根据本班教室的具体情况因地制宜地进行布置，什么地方有空隙就利用起来，哪个位置能放些什么就放些什么，毫无计划性。如果将教室四面墙壁看作几个板块的话，各板块之间毫无联系，没有一个统一的主题，有的甚至根本没有形成板块。这种未经规划的任意布局，由于缺少了主题，使教室显得凌乱不堪。

**四、照搬照抄，与主旋律不符**

所选文字内容与时代主旋律不符，是另一种错误做法。一些格言警句或者名人名言带有时代印迹，如果只是照搬过来使用，很容易与时代的主旋律不符。还有的班级环境强调档次，用钱美化教室。随着时代的发展，教室的布置体现时代科技色彩本是无可厚非的，但有些教师认为，要把教室美化好，就要采用现代技术，墙上各个栏目的包装都运用电脑制作，过分追求教室的科技含量，势必造成成本的增加，过犹不及。

综上所述，好的班级文化不仅不会压抑学生的个性发展，反而为每一个学生的健康成长提供了宽容、幽雅的环境，增强了班级的凝聚力。这是我们理想中的班级文化，这样的班级文化让师生都沐浴在阳光、幸福的氛围中。

**案例分享**

## 绽放班级文化之花

为了美化教室，给学生一个良好的学习环境，学校进行了一次教室布置的检查评比。走进一间间教室，带给我们的是一阵阵的惊喜和赞叹。“哇！好漂亮的手工作品啊！你瞧！这个‘小巧手’栏目设计得多好！它让每一个孩子都有了一个展示自己手工作品的地方。这个班的学生的动手能力将来一定会很棒！”

“你看！这个‘星光园’，有‘劳动星’‘文明星’‘勤奋星’‘进步星’……奖励面又多又广，一颗颗闪烁的星星里张贴着孩子们灿烂笑脸的相片，孩子们在这里找到了自己的成功和自信！细节决定成败！如果我是家长，我会为老师对孩子的关注而感动！”“快来读读他们的班训：向上！向上！努力向上！多么精练，多么富有朝气和节奏感！”“瞧！这个班的教室里还养有漂亮的金鱼，种有许多绿色植物，墙壁上还有学生的书画，图书角摆满了各种各样的书，多么雅致的教室啊！”

在一阵阵欣赏和赞叹声中，我们看到许多班级除了设有“卫生角”“学习园地”“队角”外，还设有“读书园地”“星光园”“班规”“仪容镜”“医疗站”，并且以“我爱我家”“成长的足迹”“英语之家”“手风琴之家”等为主题，充分利用墙壁、玻璃窗、走廊来设计和布置班级，班班有特色，给人耳目一新的感觉。一名学生说：“以前我很爱在教室打闹，大声说话，现在每天一进教室，我就想起班上贴的《弟子规》，不由自主地放轻脚步，轻声和同学们说话、打招呼。”

另外，为了激发班级的凝聚力，班主任还在教室黑板报上开辟了新的空间，如“学习雷锋”活动，学习雷锋事迹，表扬互帮互助的好人好事，在板报上介绍好人好事，如果板报上写的是学生自己，说的是学生之间发生的事，同学们就会感到很亲切。另外，这些事迹不光吸引看本班读者，还引起其他各班学生的关心和议论，甚至有的同学会说：“这篇文章说的是我们班上的事，可得认真写一写。”充分发挥了板报教育学生奋发向上的积极作用，引导着同学之间建立一种和谐友善的关系。

就这样，孩子们你一言、我一语，让我们感受到了班级变化带给他们心灵和行为的变化，感受到了扑面而来的浓浓的班级文化气息。

**解决策略**

## 班级环境需要用心营造

良好的班级环境稳定和谐，具有积极向上的班风学风，师生之间平等民主，班级制度健全，班委会成员互相合作推动班集体的发展。在班级环境中，班主任运用多种教育手段，给学生施以积极的教育影响：认真布置学校走廊、教室，张贴一些具有教育意义的标语，如“爱护环境，珍惜健康”“文明用语，礼貌待人”“勤学善问，多思敢做”等，使学生看到的一切都对其精神面貌的形成具有重要的意义。实际教育教学工作需要通过班级进行，班主任是班级活动的具体领导者与组织者，也是学校领导学生集体的主要依靠力量。可见班主任在班级管理工作中的特殊地位，本文以班主任作用视角分析小学班级环境建设，提出具有针对性的小学班级环境改善建议，以提高班主任工作的成效。

### 一、主动营造和谐的班级物质环境

环境与人之间的相互影响一直是人们关注的对象。我国古代先哲孔子说“性相近也，习相远也”，意思是人的天性本来差不多，环境和学习却可以让人相差很远；荀子认为“蓬生麻中，不扶而直；白沙在涅，与之俱黑”，环境对人的发展有促进作用，良好的环境促进人的健康成长。整洁干净、舒适怡人的物质环境是教育教学活动开展的前提，在班级学习生活中，班主任应带领各科教师重视班级环境育人作用。

**二、重视班级心理环境的营造**

班级心理环境包括和谐的师生关系，以及积极向上的班风、学风，学生往往会把班主任当作一班之主，对班主任有无限的信赖。因此，班主任对待学生的方式、处理班级事务的手段，都影响着师生关系的建立。而班级风气的形成，需要班主任的辛勤劳动，班主任需重视班级心理环境的营造，提高班级管理工作的成效。

**三、培养良好的班级文化**

班级文化是一个班级的风气，是班级全体成员在学习生活中所表现出的言论、精神面貌等方面的行为倾向，这种行为倾向具有稳定性、道德性，受到学校以及其他班级的认可。学风和班风是班集体巩固与发展的必要条件，也是班集体文化意识形成的标志。良好的班级文化有利于班级环境的改善，能使学生奋发向上，使班级内产生一股正气。班级文化是一种教育因素，是一种氛围，积极健康的班级文化是对学生精神的熏陶。

班级是学校的有机组成部分，是学生在校生活的“家”，我们关注教育，就不能忽视对班级的研究。班级环境对学生的发展影响广泛。优良的班级环境能够促进学生个性形成、品质培养，使师生关系更加融洽和谐，利于提高学生学习效率、发展学生的社会交往能力。影响班级环境建设的因素众多，班主任作为班级工作的领导者，在班级环境建设工作中起着重要的作用。

# 第五章　班级活动的创意与组织

班级的管理、学生品格的培养，与老师对学生行为规范的指导密不可分，但口头上的指导和说教很难达到预期的效果，学生的进步可能也不大。要结合小学生活泼好动、乐于参与活动的特点，组织班级各类活动，给他们提供活动的平台，让学生在活动中得到发展、收获感悟，让每一个学生都参与其中，通过各种形式的活动让学生展现自我、习得品质、懂得道理，并在活动中营造良好的班级氛围。

班级活动是班级发展不可或缺的一部分，通过班级举行的各类活动，班级间生生关系、师生关系会更加融洽。各类活动的开展，有助于班干部职能作用的充分发挥，有助于学生素养的全方位发展，有助于班级凝聚力的增强，有助于集体荣誉感的激发。同时，班级活动中各类主题式活动的浸润，对于学生品格的发展非常重要，能够让学生在思想层面有所提高，在行动层面知道如何去做。

## 问题 1　如何让 10 分钟晨会有趣又有效？

学生的行为规范对于他自身的学习和成长来说，具有十分重要的作用，好的学习方法和规范，可以帮助学生习得更多的知识。小学生的常规教育也要天天抓、时时抓，因为他们这个年龄段的特点，反复性比较强，所以利用晨会平台进行行为养成教育十分必要，此为“效”之根。此外，各类主题教育必不可少，此为“趣”之基。晨会虽然在所有的班级活动中时间是最少的，只有 10 分钟，但是这 10 分钟发挥的作用却是不容忽视的，利用好这 10 分钟开展养成教育、主题教育，所产生的效果会让人意想不到。

## 问题情境

### 晨会上的一筹莫展

作为新班主任的苏老师，面对着一群刚从幼儿园进入小学的小朋友，最近有些焦虑。明明在前 3 天常规教育中说得好好的，个个都是讲文明、守纪律的“乖宝宝”，怎么在才准备正式进行课程学习的第一天，就变成了“小魔王”？

你瞧，晨会课开始的铃声早已响过，班级里还是一片“忙碌”的景象。坐在后排的小晨走下座位和离他 3 人远的男生聊得正欢；坐在前排的小岩也不消停，前后转着身子笑得可高兴了；更有不少同学要么玩着手里的彩纸，要么指着绘本大声读书……总之，孩子们各干各的，竟都没发现站在教室门口的苏老师正在“暗中观察”。听着沙沙雨声，看着眼前乱哄哄的情景，苏老师的怒气值正在“噌噌”上涨。

不知谁喊了一声“老师来啦”，全班才慢慢安静下来。苏老师深吸了一口气，走进教室，站在讲台上一看时间，晨会课已过去 5 分钟，剩下的 5 分钟，苏老师让孩子们静静心，练习坐姿，准备好学习用品，做好上第一节课的准备。可在这短短的 5 分钟里，苏老师的心情却十分复杂，脑海里不断地想着要怎么改变这种情形。俗话说“一日之计在于晨”，别看晨会只有短短的 10 分钟，实际上其在一天内的作用是巨大的。苏老师想：一定要想想办法，改变孩子们对晨会如此不重视的态度，让孩子们体会到晨会课的意义。

接下来的几周时间，苏老师可谓挖空心思，她精心准备了每一堂晨会课，对一名小学生应该遵守的方方面面的规范进行了详细指导，并且做了精美的 PPT、视频、图片、故事、情景剧……同学们在苏老师形式多样、绘声绘色的讲解中学习规范，并进行训练，学得十分开心。可是，好景不长，几周过后，苏老师发现自己不知道晨会要讲些什么了，基本要讲的内容，强调的东西也是天天一有时间就唠叨几句。晨会10分钟时间，也感觉是在“炒冷饭”，反反复复讲常规、讲纪律，学生们听起来也索然无味、兴致不高，甚至开始厌烦。每一天的晨会就像是一节训话课。苏老师很烦恼，她不知道如何让自己的10分钟晨会有趣又有效。

**情境分析**

## 晨会≠训话

晨会虽然只有短短10分钟，但却是班主任进行德育工作的主抓手，多数班主任知道要每天对学生进行思想教育，但苦于不知如何利用这10分钟时间，就如苏老师一般，晨会变成训话，令学生觉得索然无味。

### 一、晨会类型单一

晨会课的重要性不言而喻，作为一名新教师，苏老师也认识到了这一点，所以当她第一天看到孩子们在晨会时间吵吵闹闹的时候内心十分复杂，想要解决这个问题。于是，苏老师在接下来的晨会课想方设法地通过精美的PPT，辅以视频、图片、故事、情景剧……牢牢吸引住学生的目光进行常规养成教育。几周下来，学生需要遵守的常规都讲了个遍，她就开始“炒冷饭”了，重复地讲。虽然小学生行为习惯不稳定，需要老师多提醒、多督促，但是相比于一开始新鲜有趣的摄入方式，学生会感觉没意思，感觉老师天天在念“紧箍咒”。后来，苏老师的晨会课又从“炒冷饭”演变成训话课，美好的一天让学生从训话开始，着实不是一个明智的举动。从苏老师这一路的经历发现，她的晨会课类型太单一，只是对学生进行常规养成教育，导致学生产生了厌烦情绪。其实，晨会课除了常规养成教育，还可以让学生体验多种多样的活动。

### 二、晨会延展不够

晨会课要有延展，从空间、时间、序列上进行延展，单纯地用一种形式、一个主题的教育来完成每一次的晨会显然是不行的。苏老师所苦恼的根源在于单单用一种主题来进行教育，即老师们天天挂在嘴边的行为养成教育。其实，常规教育是老师一直在进行的，除了我们的晨会课、班会课，许多任课老师也会在自己的课堂上提出行为习惯的要求，对学生来说听得太多了，所以当班主任老师一遍又一遍重复的时候，学生提不起兴致。殊不知晨会的延展度真的很广，行为养成教育只是其中的一部分而非全部，我们可以进行 10 分钟故事会、10 分钟团队小游戏、10 分钟主题教育……甚至可以把晨会交给学生，由学生合作上晨会课，这将更大地激起学生的兴趣，效果也更好。

**案例分享**

## 晨会前的一波三折

第七周由第五组同学进行“小组任务型晨会”（由学生分小组领取任务，以小组合作的形式来上晨会课）。作为班主任的我事先通知了学生，好让他们早做准备。这天吃过中饭，我正在办公室里批作业，第五组的学生叽叽喳喳地来找我，一个个好像都挺不高兴的样子。我心想，这一组肯定有事情。于是，我赶紧停下了手里的事情，让他们在办公室的长桌边坐下来，示意他们先静下来，不要打扰其他老师，一个个慢慢说。经过了解，原来是大家为他们组的晨会活动呈现形式各执一词，进行了激烈的争辩。小组成员之间各有各的理，有的认为要拍摄视频呈现画面，有的认为要以小品形式呈现……为了这个，小组成员之间有了激烈的矛盾冲突，各有各的想法、理由，真是“公说公有理，婆说婆有理”。也许，我以老师的身份，告诉他们选择一种或两种呈现方式，事情就可以简单解决，学生之间的这种“冲突”也会迎刃而解。但是，我想这不是我们想要的。而这恰恰是一个很好的契机，教给学生如何合作去完成一次小组任务型晨会。

于是，在这样的情境下，我先肯定了大家为了同一个目标、同一个任务，群策群力的合作精神。现在出现了分歧，我们该怎么解决呢？我组织大家先对小组的任务达成共识，即大家的目标是一致的。那么，在这样的前提之下，选择什么样的呈现方式就要从目标入手，适合的才是最好的。于是，我引导每个学生先心平气和地表达自己的观点，而后组织大家进行讨论，围绕本次的“小组任务型晨会”的主题，很多同学的想法很好。但是，为了完成“任务”，让本次晨会发挥更大的作用，带给同学们更多的启示，我们该选择何种呈现方式？最后，大家达成共识，同学之间的分歧得到解决，我也松了一口气。

但是，大家为各自的分工又产生了摩擦，我鼓励他们相互包容、理解，发现每一个同学的优势。他们根据组员的特长进行分工，小夏同学活泼开朗，口头表达能力比较好，因此担任主持人；小今同学比较内敛，但特别精通电脑，因此他发挥特长制作课件；小洲同学文笔特别好，负责撰写方案……通过讨论，既合理又能发挥每个人特长的分工产生了。没想到，在呈现方式和分工确定后，大家在情景剧的排练人选上又产生分歧：有的要邀请这几个同学来演，有的推荐另外几个同学来演，大家各说各的理，最后经过“擂台赛”的形式公平公正地选出了最佳的一组来演绎。大家达成意见的统一，活动顺利地开展，取得圆满的成功。

在小组任务型晨会活动中，真可谓是一波三折。但是，在一次次的碰撞和“冲突”中，同学们达成道德共识，对他们来说是一次次的成长。

## 解决策略

### 让晨会散发魅力

古语云：“绳锯木断，水滴石穿。”每天10分钟的晨会就是不起眼的这滴水、让人忽视的这条绳。用好这10分钟，可让晨会散发魅力，让学生受益终身。

#### 一、晨会作用的重要性

学生的行为规范对于他自身的学习和成长来说，具有十分重要的作用，好的学习方法和规范，可以帮助学生习得更多的知识。小学生的常规教育也要天天抓、时时抓，因为他们这个年龄段的特点，反复性比较强，所有利用晨会这个平台开展行为养成教育必不可少。

晨会如此重要，我们该如何开展好晨会呢？班主任可以从前一天班级学生在行为规范上的问题入手，提出新的目标和要求，也可以根据班级目前亟待解决的问题入手。但是毕竟晨会只有短短10分钟时间，班主任要有效地进行把控，不要把晨会当成训话课，在10分钟时间里，学生就听班主任在那里挨个批评是相当不合适的。晨会也不是一言堂，很多时候10分钟就是老师从头到尾地进行行为规范要点的讲解，部分学生一个字都听不进去，因为老师每天都在给他们唠叨这些事。我们要善于思考，让常规训练变得有趣味、有意义。此外，我们也要利用晨会开展一些传统文化、预防校园欺凌、爱眼护眼等专题活动的教育。有些班主任直接从网上下载一个PPT给学生讲，利用网上资源对学生开展教育当然是可取的，但是建议班主任下载好课件后，自己先仔细看看课件上的内容适不适合自己班的学生，这些内容需不需要进行删减，需不需要再凝练一下、适当修改一下，让学生得到更大的收获，也让我们的晨会课发挥更大的作用。

**二、晨会主题的系列性**

每日的晨会要有主题，不能想讲什么就讲什么，不然育人的效果会大大降低。班主任要统筹规划好每日晨会的主题，月初可以根据班级的情况、学校的活动要求规划好本月的晨会主题。如果做不到，最起码要对一周的晨会主题进行规划。我们的晨会要高效，除了常规的训练、指导外，主题性的教育也必不可少。比如，对于低年级的学生，我们要培养他们的明礼品格，其实明礼的方面有很多，校内的、校外的、语言上的、行为上的……班主任可以罗列出来，形成一个明礼品格培养的班本课程，每次晨会只讲一小点，要注意细节的指导；同时也要让学生参与进来，充分地说、充分地练，以差不多两周的时间完成一个这样的主题训练。接下来再安排其他主题活动，每个主题的安排要有系列性、序列性，指导起来效果才会更明显，切忌一次晨会什么都说，什么都蜻蜓点水。

**三、晨会活动的创意性**

美好的一天从晨会开始，每日的晨会安排要吸引学生的目光，不要总是班主任在讲台上讲，学生在下面听，我们的形式要多样，可以有老师讲、学生讲，可以有演、有唱，甚至我们还可以邀请家长加入晨会，请家长来讲，这样的晨会才有活力，学生才有动力。

同样一件事，可以有不同的开展方式，比如学生路队排列不好，利用晨会指导学生如何排好路队。第一天晨会，用视频展示学校优秀班级的路队行进情况，让学生感知走好路队也是一个班级精神风貌的体现。随后，图文并茂地展示班级路队该如何排队、如何行进，使学生有个整体感知。第二天晨会，进行实操演练，从学生离开座位出去整队开始，桌面的文具要放进桌肚，凳子要推到桌子下面，出来排队按照小组顺序一组一组来，不可拥挤。到达走廊整队后，班主任要指导好举班牌的同学站哪个位置，两列队伍怎么站，手放在哪里，眼睛看哪里，地上有点、有线的话，要让学生明白踩哪个点、站哪条线，让学生将每一个环节都明确到位。第三天晨会，行进演练，明确去每个场所的行进路线、行进的速度、行进时学生前后左右的位置、行进时的纪律……让每个学生都了然于心。第四天晨会，两列队伍行进比赛，通过比赛的方式强化学生的训练。第五天晨会，路队展演，班主任可以拿着手机给学生拍下从出教室到整队再到行进的全过程，让学生看看自己的进步和成长。相信有了这样的训练，学生的常规会有更大的提升。

## 问题 2　如何让主题班会活动更具教育性？

主题班会是班主任进行学生思想教育的主阵地，自班会变革以来，从重文艺特长展示向让所有学生参与并有所收获转变，从班会的主题、学生的参与形式、活动设计上突出以生为本，按照班级的具体情况而定，让学生在行为上有所改变，在品格上有所提升。

### 问题情境

**班会“万花筒”**

今年，苏老师带的是三年级，这是苏老师第二年做班主任，对于班级管理没有很多的经验，经常是走一步算一步，这个方法不行就换另一个方法。班主任工作特别烦琐，每天要处理学生之间各种鸡毛蒜皮的小事，每节课下课都有人来报告：老师，××× 打了我一下，××× 推了我一下，××× 借了我的笔没还……经常是这件事没处理完，另一件事又来了！对于苏老师来说，最难管的就是班级纪律，每节课下来都觉得筋疲力尽，一遍遍和他们强调“安静”“安静”。每次课上到一半，他们就会开小差、讲话，苏老师有时候会吼，有时候会拍讲台，可每次都觉得效果甚微！吼完没两分钟，他们就原形毕露，还是开小差的开小差，发呆的发呆！

于是，苏老师决定利用最近的班会课开展一次主题为“怎么改善课堂纪律和提高课堂效率”的教育。首先，苏老师请几名班干部来分析一下问题出在哪里。有学生说：“我有时候，觉得老师讲的我都会了，所以就不想听了！”也有学生说：“我觉得老师有时候一个题目重复讲了好多遍，我就不想听了！”还有一些基础稍差的同学说：“老师，我只会一些简单的基础题，稍微难一点的，听着听着我就莫名其妙地走神了。”从他们的表述中苏老师明白了，要想提高课堂效率首先要提高他们的积极性！苏老师利用课余时间确定了下周三的班会课主题：就课堂效率和课堂纪律实行奖惩制度。

到了下周三班会课，苏老师介绍说班级里要实施奖惩措施，然后课上和同学们一起商量如何进行奖惩，但是似乎很多意见不可操作，参与的同学也不多。最终，苏老师只能把自己拟构的措施说了一下：把整个班级分为8个小组，每一列是一个小组，在黑板的右下角制作一个表格，适用于早读、两操、上课的纪律。一旦有人违反纪律，上课的老师就给这个小组扣一分，一周一结，扣分最少的小组每人都有奖励，扣分最多的小组就罚做一周的值日。几天实行下来，觉得效果还不错，课上纪律明显有所改善，每组的学生都互相约束、互相监督，生怕多扣一分。一周下来，效果甚佳！可两三周下来，这个方法的弊端就出现了。因为排座位的时候基本上是女生一列、男生一列，女生的纪律明显要比男生的纪律好，所以每次罚做值日的都是那几组男生。渐渐地，他们对这种奖惩制度没了积极性。苏老师课后找了几名学生，问他们为什么最近表现不如前段时间好。其中一名学生说："老师，我们组那个 ××× 和 ×××，每次上课都动来动去讲话，每次都是他们扣分，我们不管做得多好都没有用！"苏老师听了之后想了好久，确实有几名男生特别调皮，每次扣分都集中在他们几个人身上，连带着他们整个组都没有了积极性！于是，苏老师决定下周班会课的重点是把这几个"扣分专业户"分散开。

又到了周二班会课，苏老师在班里说明："很多同学来跟老师提意见，觉得这个制度不公平，因为我们班有少数几名同学平时上课不认真，是老师们的重点扣分对象！那我们现在讨论一下有没有什么办法能解决这个问题。"这时候，纪律委员提出了一个好办法：可以把这几名"扣分专业户"分散开来，每组差不多分到一个，这样就公平了。大家一致通过了这个方案。于是，在几个班干部的建议下，苏老师重新给他们调了座位。接下来几天，他们的积极性又回来了！那几个"扣分专业户"在一整组人的监督下，也开始渐渐收敛。可没过多久，班上一名小男孩又来跟苏老师报告："老师，我觉得这个制度有点不公平！"苏老师问："怎么了？"他说："每次早读课上那两个小组长都包庇自己的组员，他们组有人讲话，她就不扣分，别的组转个身就立马扣分！"苏老师听了以后，立马叫了几名学生到办公室，跟他们核实了一下情况，发现确有其事。苏老师想了很久，她忽略了他们只是一群孩子，会有私心，只想着能让自己的组少扣一分。

于是，在下一节班会课上，苏老师重点就这个问题跟他们进行了探讨，底下的同学讨论得非常热烈，一会儿一个主意。整节班会课闹哄哄的，问题得不到解决，也浪费了大家的时间。苏老师很苦恼，该怎么上好班会课呢？

## 情境分析

### 我们的班会我们做主？

班会能够帮助班主任解决许多班级目前存在的问题，就如苏老师一样，利用班会解决了目前存在的问题，虽然问题没有得到彻底解决，但是短期内还是有一定效果的。从这个案例中我们可以看出以下两个问题。

#### 一、老师管理学生能力不强

老师的班级管理能力十分重要，能管住学生的老师，其所在班级整体氛围会很好，学生的自主能力、上课的听课效率一般也不会差到哪里去。从整个案例来看，苏老师的班级管理能力并不强，三年级的学生每节课下课还来跟老师打小报告，每次上课上到一半，苏老师还要停下来强调常规，有时甚至还要吼、拍桌子。学生迫于老师的威慑而安静下来，而这种安静也是暂时的，没过几分钟，学生还是开小差的开小差，发呆的发呆。这种课堂状态对于三年级的学生来说是十分不正常的，从目前的情况来看，老师甚至不能一气呵成地上完一节课，除了学生的常规没有好好养成，老师的管理能力也确实有待提高。三年级的学生虽然自主意识明显提高，但还是需要老师不断地教育、引导，才能形成正确的人生观、世界观和价值观，老师只有不断地提高自己管理班级的水平和能力，学生才能有更好的发展和进步。

**二、没有系统的奖惩措施**

苏老师想要建立一套班级的奖惩措施，这种想法是非常好的，一套合理系统的奖惩措施，可以极大地激励学生，可以有效地进行班级管理，也可以帮助班主任有效地整合班级事务。让学生参与这套奖惩体系的策划和实施，也是非常好的。但是在策划或者实施之前，班主任心里应该有个初步的建设和架构，然后找一些班级代表来讨论和修改。像苏老师这样一下子就把策划的权力通过班会课的形式全部交给学生，对三年级的学生来说，可能还达不到这样的要求，所以从效果来看，可操作性的意见并不多，参与讨论的同学也不多，并且实施下来也会出现这样或那样的问题。班主任有个策划，再由学生研讨、修改意见，这样才能极大地促进奖惩措施的落实。

**解决策略**

## 有效班会三重奏

**一、班会主题的明确性**

一节好的班会，主题非常重要，班会课的主题就好比一首乐曲的基调，起着“定音”的作用。在班会主题的选择上，班主任要深入了解学生的实际需求，根据学生的身心发展特点，立足班级学生普遍存在的现象，引导学生形成正确的价值观。同时联系生活，深入挖掘学生的内心需求等确定班会主题，提高班会活动的实效性。

班会的主题有的是根据学校活动安排或考核要求固定的，对于既定主题的班会，班主任要根据班级学生的年龄特点、个性差异设计符合班级实情的活动，但一学期学校规定的班会主题应该不是很多，大多还是要班主任自己定。对于自定的主题班会要好好思考，其他班级适合用的，自己班不一定适合，可能其他班级有这种情况而自己班没有，所以不要“拿来主义”，什么都往自己班级里套，一定要符合自己班级的实际情况。比如发现最近班级里讨论游戏的同学越来越多，这种情况在班级里蔓延是十分可怕的，有必要采取一些措施来制止，主题班会就是一种很好的形式。对此，可以开展一次以“我和网络”为主题的班会课，让学生明白网络在给大家带来便利的同时，也有很多弊端，我们要合理利用网络，千万不要被网络迷惑。

此外，班会的主题也可以呈序列发展，每个月 4 节的班会围绕一个主题进行，讲深讲透。比如现在很多学生只知道索取，不知道给予，不知道感恩，我们就可以围绕“感恩”开展一个月的主题班会。感恩的方面有很多：感恩家人、感恩父母、感恩老师、感恩社会……班主任根据班级情况，选择适合班级学生的几大方面展开，每一周的班会选取一个主题，运用图文并茂的方式并加上适时适当的活动，学生的收获会远比一节课蜻蜓点水式的面面俱到要大。

**二、学生参与的重要性**

主题班会活动最忌老师的一言堂，我们要充分调动学生的积极性，要让学生充分参与进来，要让主题班会成为学生的主题班会。从前期的策划开始，班主任就可以带着学生一起做。对于活动的准备、班会开展所需要的内容等，都可以指导着学生去完成，让主题班会成为大家的班会，而不是老师或个别同学的班会，只有学生融入，才能有发展，主题班会也才会更有意义。

**三、活动形式的多样性**

主题班会不同于晨会，是真正的一节课。如果这 40 分钟都是班主任一个人在讲台上讲，想必学生在台下听得会很累，效果也不会太好。班会的活动要富有创意，不同的年级形式也应不同，同一形式的活动放在不同年级，所产生的效果也不尽相同，所以在活动的创设上，班主任要好好思考。

在活动环节的设置上，班主任要舍弃以往老旧的观念、思路，不断寻求突破。如开展小组活动、集体活动，让学生真正参与进来、动起来。当发现活动氛围特别好时，可以引导学生继续进行下去。但是如果发现活动氛围好过头，快要掌控不住，学生也比较疲劳时，可以安排一些舒缓的活动，让学生在班主任的带动下慢慢安静下来，一个人只有在平静的状态下才能更好地接收别人传递给他的信息。班主任在做活动设计时，要考虑到这一方面，活动要有衔接性、有张有弛，让学生能舒缓下来，让学生疲惫的时候也能通过活动调动起他们的积极性。

## 问题 3 如何有效组织学生参加学校集体活动?

学校集体活动，顾名思义就是组织全班学生一起参加的活动，这种活动一般是在校内，比如阅读节、体育节、艺术节等，需要全体同学一起参加。学生个性不一，个体发展不同，集体活动的组织能够更好地让学生融入班集体，但是在活动初期也常常会有许多不和谐的因素。有效组织学校集体活动，有利于学生更好地发展。

### 问题情境

**体育节上的一意孤行**

一年一度的体育节马上就要开始了，体育节是苏老师所在学校的传统项目，体育节开幕式走方阵、个性展演更是同学们最喜欢的项目，全班同学参与，发挥班级智慧，体现班级合作精神，彰显班级个性智慧。

不知是哪个“小灵通”率先得知了三周后体育节开幕的消息，教室里立马炸翻了天，大家兴奋极了。去年自己班以动漫秀的方式出场，全校所有学生都为他们欢呼。这学期升入了六年级，大家决定再以全新的方式出场，给小学生活留下又一段美好的记忆。大家三五人一堆开始商量，嘻嘻哈哈的声音响遍了整个教室，连上课铃声响了都没听见。

此时，苏老师拿着课本来上课，可是还没到教室就听到教室里闹哄哄的。都六年级了还这么不珍惜时间，苏老师气得火冒三丈，快速走进教室把书"啪"地往桌上一扔，怒气冲冲地吼道："你们在干什么？知不知道铃响了？""老师，我们听说……"学生还没说完，就被苏老师打断了："你们什么年级啦？六年级了，马上要毕业考试了，怎么还想着玩呢？现在浪费时间，将来后悔啊！""老师，我们在……"另一名学生企图解释一下，可还是被苏老师打断了："好了，不说了，我们开始上课吧！"

下课了，苏老师急匆匆地回到办公室，准备想一下这次运动会的开幕式怎么入场。以往她召集过班干部一起商量，但是太浪费时间，而且因为意见太多，最终还是由苏老师做决定。于是，苏老师上网搜索相关资源，从朋友圈中寻找灵感，最终决定还是走古风吧，全班古装出场，效果一定不错。接下来又是苏老师的课，她兴致勃勃地走进教室，跟同学们说了自己的想法，原本以为大家的兴致会很高，谁知大家都发出"啊"的不想参加的声音。"怎么回事？古风不好吗？班长你来发表一下意见。"班长慢慢地站起来："老师，上次隔壁班走的就是古装方阵，他们……""这有什么，又不是他们走过了我们就不能走了。"苏老师漫不经心地说着。她不知道的是去年隔壁班穿古装由于有几套衣服比较怪异，班级有几名同学笑话过他们。这次如果走古风方阵，隔壁班可能会嘲笑自己班，所以大家都不怎么满意这种方式。大家企图争辩几句，但看到苏老师铁青的脸，没有人敢发表意见。"好，既然大家都没意见，就按我说的做吧！"许多同学伤心地低下了头，觉得这次的出场式要搞砸了。

放学后，班长来找苏老师，告诉苏老师同学们因为古装的原因都不想走方阵了。苏老师很苦恼，不知道怎么办才好。

## 情境分析

### 集体活动的有效放权

学校集体活动可丰富学生校园生活，促进学生间、班级间的交流，增强班级凝聚力，有利于学生身心发展和个性特长的发挥。学校的集体活动也体现了一个班主任的核心凝聚力和班级管理能力，往往一个班主任有计划、有组织、有策略，学生在集体活动中体会到的不仅是身心的愉悦，还有能力的提升，即所谓的寓教于乐。相反，如果一个班主任没有好好地规划，可能学生在活动中体会不到快乐，就如苏老师目前遇到的情况一样。

**一、不给学生话语权**

对于六年级的学生来说，他们处于少年心理向青年心理的过渡期，既带有少年的天真，又时常表现出青年人的成熟。随着知识的积累和对事物体验的深化，六年级学生内心世界比较丰富。当大家得知一年一度的体育节又要开始的时候，兴奋极了，因为体育节走方阵是他们最喜欢的，于是纷纷在那里讨论今年的体育节要以什么样的形式出场，如何惊艳全场，如何给自己的小学生活留下难忘的记忆。可是，由于兴奋过度，他们没有听到上课的铃声，引起了苏老师的怒火。苏老师在教室里批评了全班同学，她忽略了教室吵闹的原因，同学两次想告诉苏老师他们聊天的原因，可是均被苏老师打断，以“六年级了要珍惜学习时间”而告终。此刻，所有的学生就像一团热火被浇了一盆冰水，都没有兴致了。

不给学生话语权还体现在另一方面，当苏老师提出自己的意见想让学生走古风方阵的时候，学生们强烈发出不想参加的声音，苏老师只是简要地问了班长，可是还没等班长把话讲完，苏老师又开始发表自己的观点了。可这是一群六年级的学生，他们有自己的观点、想法和心里的担忧，他们企图告诉苏老师，却因为苏老师一脸铁青的样子，所有同学欲言又止，所有可以沟通和交流的机会都被阻断了，学生兴致全无。

**二、不给学生自主商讨的机会**

六年级的学生除了注意事物外表的形式之外，更注意对事物的分析和主观体会，对很多问题都有自己的回答。对于班级运动会如何出场，他们都有自己的想法和主张，所以才会在得知消息之后开始纷纷讨论。但是，很显然苏老师没有意识到这一点，她凭借经验觉得学生商量不出什么来，就主观地放弃了让学生自主讨论的机会，自己想出了一个方案，而这个方案又不是学生所认同的，这导致后来大家都不想参加训练，让苏老师处于十分尴尬的境地。

**案例分享**

## 不一样的开学典礼

每个人的学生时代，每年都要参加两次开学典礼，每个开学典礼形式几乎是固定的：升国旗；奏、唱国歌；校长讲话，向同学们提出新学期的希望，激励同学们在新学期以新的面貌投入学习；优秀学生代表发言。近两年来，盛泽实小的开学典礼与众不同，别样的开学典礼，提高了学生参与的积极性。江老师组织同学们相互合作，结成新伙伴，大家在开学典礼中收获了新朋友，也明白了坚持的重要性与合作的智慧。

就拿其中一次开学典礼“‘脚尖上的友谊’指压板游戏”来说吧，要求高年级与低年级两两结对，低年级的小朋友的脚踩在高年级同伴的脚背上，两人抱紧，从指压板上往返走一次，第一组同学回到起点，第二组同学开始游戏，以此类推，直到所有同学全部完成一次为游戏结束，各年级最先完成的班级获胜，全体同学获得一份纪念奖。游戏开始了，我们班作为高年级同学需要率先脱下鞋子踩在指压板上。可是，刚踩上去，同学们的表情瞬间来了个 180 度大转变，刚才的笑脸一下子变成了痛苦的表情。我在一旁鼓励他们：“加油！你们可以的。”同学们被我的话鼓励着，并没有放弃，而是忍着疼痛，主动抱起低年级的小朋友，让他们踩在自己的脚背上，同学们这下表情就更痛苦了。有的同学强忍着疼痛，一边走，一边喊：“哇！好疼啊！老师，我要放弃了。”有的同学想隐藏自己痛苦的表情，一边走，一边说：“没事，没事，不怎么疼。”但他的动作“出卖”了他。有的同学忍不住了想放弃，但听到低年级小朋友的一句：“哥哥，你疼吗？”又听到旁边的伙伴们在不停地给自己加油鼓劲：“加油！一定要坚持！”“加油！你一定行！”还有我在一旁的持续鼓励，“我相信你，一定能坚持！”于是，他们又鼓起劲，拼命忍着疼痛，顺利走完了全程。孩子们热情高涨，积极参与到互动游戏中来，在伙伴合作的过程中，明白了坚持的重要性。在痛并快乐的过程中，迎接新学期的到来。

班级集体活动需要学生的集体参与，大家相互合作、相互扶持，还离不开老师的鼓励。创新的形式、伙伴的帮助、老师的鼓励，让集体活动散发着魅力，让学生们充分体验，孩子们收获的也是不一样的精彩。

## 解决策略

### 学生——集体活动之中心

班级是学校系统的细胞，是学校开展各类活动最基本且稳定的基层组织。只有把一个班很好地组织起来开展教育和教学活动，这个班的学生在德、智、体、美、劳等方面才能得到全面发展。班级活动的开展对于班集体的建设、良好学习氛围的营造有着非常重要的影响，无论哪一种活动都要在设计活动时抓住其特点，如创造性、自主性、知识性、超前性（不仅是发现问题、解决问题，更是预知问题、防止问题的发生）、针对性、实践性、多样性、趣味性等。同时要注意7个要领：培养情感是基础、抓住规律是原则、组织活动是条件、系列教育是途径、由内到外是目的、由浅入深是方法、利用时机是窍门。但是如果活动组织不当或时间安排不合理则会起到相反的作用。

作为班级建设的班级集体活动，通常根据组织范围被分为两大类，即日常性班级活动和阶段性校级活动。日常性班级活动主要是我们之前提到过的晨会、班会活动。这里我们主要强调一下阶段性校级活动。

阶段性校级活动，一般以班级为单位，开展活动性班级活动、知识性班级活动、节日性班级活动、教育性班级活动等，如运动会、艺术周、演讲比赛、歌咏比赛等。这种全校性的竞技比赛除了能够发掘人才和丰富学校生活，还能促进班集体的形成，因此要充分发挥竞赛、评比在促进集体形成和发展中的作用。对这些活动班主任可以有如下要求：第一，把取胜看作参赛的目的之一，但不是唯一目的，不能要求每一次、每一项比赛都获得全面胜利，但可以要求每一次比赛都有获胜的目标，要求夺得一些项目的优胜成绩。第二，让更多人有参赛的机会。第三，结合参赛的准备和实践，提高参赛者的心理素质。第四，通过参赛带动班级的日常活动。第五，在增强班级与集体荣誉感时，还要注意处理好班与班之间、校与校之间的关系。

班级集体活动是班级建设的重要内容，班主任要充分利用它来调动学生的学习积极性，增强班集体的凝聚力，让它成为学生生活的重要组成部分。

## 问题 4　如何组织学生参加集体外出活动?

外出研学、集体活动，对于学生的身心发展都有很大的促进作用，也是校内教育所不能给予的。组织外出研学活动，学生自然开心，但对于老师来说责任重大，最主要的就是学生的安全问题。虽然学校也会制订专门的安全预案，但是作为班主任，只有在外出研学活动前做好充分的准备工作，才能让学生在研学活动中开心又安全。

### 问题情境

**春游中的心有余悸**

学校要组织学生开展春游活动了，全部同学都沸腾了，这可是大家期盼已久的活动，因为可以走出校园、亲近自然。但是苏老师有些惴惴不安，去年自己刚上岗带的另一个班的学生春游时的情景，让她心有余悸。

当时是苏老师刚上岗的第二年，也是第一次带三年级的学生出去参加春游活动，没什么经验，就按照学校的要求做了前期的准备工作。由于班级里有 3 位老师带队，因此需要把学生分成 3 组。为了尽快上交表格，苏老师按照学号的顺序把学生分成了 3 组，3 组学生由不同的老师带领。春游前夕，苏老师也跟学生强调了春游期间该注意的安全问题，同学们个个乖巧地答应了。

春游一大早，同学们早早地来到了学校，兴高采烈地准备出发。清点完人数，大家安全地上了车。小学以来第一次外出参加春游活动，同学们个个兴奋极了，一路上叽叽喳喳个没完没了。突然，苏老师闻到一股浓烈的味道，这味道太熟悉了，是辣条。苏老师往后排座位看了一下，原来有几名同学在吃辣条。喧闹的车厢一下子涌出了强烈的味道，有几名本来就有点儿晕车的同学，“哇”的一下子没忍住吐了一地。“老师，老师，她吐了。”苏老师没有办法，赶紧走过去帮忙处理，并告诫同学们以后不要吃辣条。总算到了春游景点，同学们分成3组跟着老师游玩，很快班级队伍就各自散开了。

苏老师带着一队学生跟着景区的游览图一个景点一个景点地走过来，这时她才发现，班级里几个调皮捣蛋的孩子都在自己这一组，他们一路上吵吵闹闹、跳上跳下，苏老师真是操碎了心，一会儿喊这个学生不要往景观石上跳，一会儿提醒那个学生赶紧跟上。突然，一名同学喊了起来：“苏老师，苏老师，小强掉水里啦！”苏老师回头一看，平时很文静的小强同学掉在了旁边的小池子里，好在池水不深，只到膝盖处。苏老师赶紧把小强拉了上来，原来小强站在池子边看小金鱼，突然旁边两个调皮的学生打闹把小强撞了下去。苏老师真是一个头两个大，一边照看着小强，一边管着其他人。

终于，一天的行程结束了，苏老师这一队率先到达指定等候地点。这时候班辅导打电话：“苏老师，小林同学不见了，一开始出园整队的时候还在，等我带了一段路后发现小林不在队伍里了，我们找了一大圈也没发现他。”把学生交给班辅导后，苏老师直冲游客中心，播广播、看视频监控，终于找到了小林同学，原来小林整队回来的路上想上厕所，看到旁边有厕所就赶紧去了，以为马上出来就能跟上队伍，谁知一出来，大部队已经无影无踪了。还好，只是虚惊一场。回忆起过去的一幕幕，苏老师对于春游真是心有余悸，他该怎么办呢？

### 情境分析

## 规划：出游之必须

春游踏青不仅能使人开阔心胸、陶冶情操，而且能增长见识、强身健体。置身于青山绿野之中，春风拂面、芳草如茵、阳光和煦、鸟鸣雀跃，处处充满生机，大家都会感到心旷神怡，精神焕发，增添生命活力。组织学生开展春游活动，对学生的认知、情感、视野都有很大的提升作用。春游是一件好事，但若是安排不妥当，也会引起许多不必要的麻烦，比如像苏老师这样。

**一、分组安排不合理**

小学生春游一般都会进行分组，由不同的任课老师带领，这样方便老师管理。合理的分组可以让春游更有规划、更安全。看完苏老师的春游带队经历，我们发现真是惊心动魄、一波三折呀，很大一部分原因在于最初的分组安排。苏老师分组的准则就是根据学号平均分，这样分组的速度是最快的，可是效果却不是最好的。男女比例、队伍纪律这些都要考虑在分组的范畴内，所以我们看到后来苏老师发现自己带的一队学生都是班级里最调皮的孩子。最调皮的几个孩子聚在一起，就如剧场效应一样，愈演愈烈，所以苏老师在管理这一队时非常费劲，一个同学还被其他同学撞到小池子里去了，令人头痛不已。

**二、教育工作不到位**

活动前必要的、有效的、到位的教育工作非常重要，只有活动前的工作做得充分，才能避免活动中很多不必要的麻烦。苏老师虽然也做了活动前的教育工作，但是从效果来看，可能并不是十分理想。从带的食品上来看，苏老师应该提前告诉学生哪些东西可以带，哪些东西不能带，有了规定并加以执行，也不会出现由于学生在车上吃辣条，气味太重，导致本就有点晕车的同学呕吐的情况。此外，安全教育也要做到位，定要求立规矩，学生才能重视。

**三、分配任务未安排**

其实对于三年级的学生来说，已经有了一定的管理和自主管理能力，他们可以作为老师的小助手管理班级。苏老师完全可以在每一小组安排几个小助手做管理，哪个小助手专门看哪几个学生，从一小组细化为一个个小团队，由同学管同学有时效果比老师管一大队同学要好。同时，苏老师也可以在这几个小团队中进行评比，看看哪个团队最优秀，回去颁发一个奖。但是，这些苏老师都没有注意到，导致了在春游过程中的一系列问题。

## 解决策略

### 运筹帷幄　快乐活动

外出研学、集体活动，是学校教育的有效补充，学生在研学、外出集体活动中获得了比课本知识更为丰富的财富，对学生来说是受益终生的，让研学活动、外出集体活动既有意义，又有收获是非常重要的。如何做好外出研学活动？

**一、做好研学活动的前期工作**

学校公布外出研学通知后，班主任要第一时间联系本班的带队老师，一起进行分组，合理的分组是外出研学活动的基本保障。作为班主任，平时与学生接触的时间最多，对学生也最了解，所以班级里最顽皮、最难管的学生建议放在班主任一组。带队老师如果与本班学生接触多，那么分起组来比较方便。如果带队老师与班级学生接触不多，建议把平时比较乖巧懂事的学生分给他，便于管理。分好组后，也建议给每个小组选一名组长，每到一个地方由组长来点名，方便管理。之后，班主任和带队老师一起商讨队伍中需要注意的情况，包括学生方面的、安全方面的等，尽量考虑到游玩路上的每一个细节，为安全做好保障。

**二、做好学生安全教育工作**

在活动前，班主任要做好学生的安全教育工作。安全教育工作不要泛泛而谈，要注意每一个细节。比如，活动当天适合穿什么、可以带些什么东西、早上什么时候到校、怎么上车、车上要注意什么、下车要怎么下、怎么活动、要跟着带队老师、组长做好点名工作、不能私自玩耍……每一个环节都必须跟学生说清楚，必要的时候制作一个课件，让学生有更直观的了解。

**三、活动中的突发应对**

很多时候，即使计划再周密、活动前的准备再充分，也不可避免地会有一些意外发生。一旦发生意外事故，班主任要控制好自己的情绪，让自己冷静下来，根据学校制订的安全预案去操作。同时，班主任要注意出发前把所有学生家长的联系电话准备好，万一有事情，可以第一时间联系到家长。

## 问题 5　如何利用各种资源助力班级活动？

班级活动的顺利开展离不开外部力量。外部力量来自哪里？来自多方面，包括社会、学校和家庭等。其中家庭是较为重要的一环，因为家庭和学校有着共同的目标——将学生培育成人。这也解释了为什么家长会对学校工作给予大力支持。家庭资源是一个巨大的宝藏，不同的职业、不同的经历形成了看待事物的不同角度，邀请家长来学校谈谈对班级管理的建议，分享人生经验等，对于班级管理和建设是大有裨益的。

### 问题情境

**成长典礼前的烦恼**

成长典礼是孩子小学阶段一件意义重大的事，是一次仪式，更是一次成长。苏老师带的三年级今年正好要进行成长典礼，以往学校都会举行一场盛大的典礼，邀请家长一起来庆祝，见证孩子的成长。但是今年为避免人群聚齐，三年级成长典礼改在班级里进行。虽然少了大型的庆祝活动，但是孩子们还是很开心的，毕竟这是属于他们的节日。

活动有条不紊地准备着，孩子们自发地排练节目，进行准备，班级气氛十分和谐。过了几天，苏老师听到办公室老师在那里议论着什么。“你们帮忙看看，这几个布置图哪个漂亮？”同办公室的老师问道。苏老师走向前一看：“这是什么呀？每张都挺好看的。”“这不三年级成长典礼马上要开始了吗？我们班家长比较积极，几位家长代表想申请当天来学校布置教室，还设计了这么多效果图让我选。”苏老师一听，忙说：“哇，你们班学生家长真好呀！”“苏老师，有时也需要我们老师发动一下的，不然家长不知道的话也不会来协助的，对吧？”苏老师一听觉得很有道理。

正巧孩子们排了一个舞蹈，她想着如果家长愿意帮孩子统一购买一套衣服的话，表演效果会更好。于是，苏老师在班级群里发消息：班级要开展成长典礼，有表演的同学希望家长帮忙购买一套衣服。只有个别家长有回复，还有一位家长居然在群里唱反调，质问苏老师不买衣服难道不能表演，穿一次就没用了，还说了一些比较不友好的话。上岗才一年的苏老师委屈极了，以往还没有人这样说过她，她也开始在群里抱怨："其他班的家长还主动来布置教室，我这也是为孩子好嘛。"苏老师和这个家长你一言我一语，班级群里气氛十分尴尬，最终购买服装的事不了了之，更别提家长来布置教室的事了。看到其他班级家长积极踊跃地参加，布置场地、购买服装、准备食品……苏老师羡慕极了，她该怎么办呢？

**情境分析**

## 家长资源的有效利用

在新时代，学校教育面临着更高的要求和挑战，家长和社会对孩子的教育更为关注，对教育的期待与要求也越来越高。如何将这些关注、需求、期待转化为管理、组织班级活动的助力是一门学问。苏老师就在这方面出现了不少问题。

### 一、未做好铺垫

班级活动中需要利用家长资源时，我们就需要用到沟通，良好的沟通可以事半功倍。但是苏老师在与家长沟通的时候单刀直入，一上来就说出了自己的意图，要求家长购买表演服装。此时，家长还不明白具体是什么事情，一看苏老师的信息总觉得就是一个班级的表演，主观意识上认为就是一个小活动，所以回复的家长并不多，甚至有的家长还唱起了反调。其实任何良好的沟通都要有一个好的铺垫，苏老师在跟家长进行沟通时，可以先把10岁成长典礼的意义告诉家长，让家长明白这不是一次普通的班级活动、表演，而是有着不一样成长含义的活动，让家长心理上产生对活动的认同。只有跨好了第一步，才能有后续更好的跟进。

### 二、未控制好情绪

任何人都有情绪，这个大家都理解，但是当情绪的岩浆喷涌的时候，造成的后果不堪设想。苏老师在群里发布了购买服装的信息，却得不到家长的支持，甚至有家长在群里唱反调。家长的这一举动，激起了苏老师心中愤怒的小火苗，她开始在群里抱怨其他班的家长怎么样。结果，家长显然不买账，当任何人被与比他好的人进行对比的时候，心里都是不舒服的。于是，家长便和苏老师在班级群里你一言我一语争执起来了。这是不理智的行为，任何老师虽有怨言、愤怒，但不该在群里和家长互怼，任何事情都可以商量，用这种方法来处理，显然事与愿违，结果什么事情都没有办成。

**案例分享**

## 我们班的家长课堂

给你一个广阔的天地，让你可以自由翱翔。这个天地让你去发现，这个世界让你去探索。对于二年级的小朋友来说，让他们充分地探索这个世界，了解这个社会，不仅可以增长他们的见识，而且能提高他们各方面的能力。

作为二年级学生的班主任，除了教给学生书本知识，教给学生礼仪行为规范，我更想着让学生获取更多书本以外的知识。自己的专业有限、能力有限，如何去开发这些资源让学生了解得更多呢？我想到了我们班的家长，班级的家长来自不同地域，有各种不同的特长，从事各种不同的职业，了解各种不同层面的信息，我想他们就是我最好的资源。

于是，我在班级里开辟了“家长课堂”，利用晨会或者活动课的时间邀请家长进班给孩子讲他们所经历的故事及经验感受，丰富孩子的认知世界，助推学生成长。首先做的是设想沟通，我把设想在群里进行了公布，让家长第一时间了解我的想法，坦诚地和家长讲了开展“家长课堂”的目的和意义，对自己孩子有益的事情家长自然赞成，当天就有一半家长报名。而后我又发了纸质的征询单，和部分家长进行了沟通，最终我们班除了 5 名同学家长外，其他家长全都报了名。我根据大家填的内容，进行了分类，有特长学习类，比如插花、茶艺等；有职业工作类，比如警察、社区工作者等；有生活体验类，比如用电安全、基础急救等。于是，家长课堂轰轰烈烈地开展了起来。大部分家长在讲述的时候，还会带上实物让学生现场操作，孩子们的兴致很高。

听！“不食粮油食素桑，勤提细喂四更装。心明到老丝方吐，织得绫罗漂海洋。”原来，是小湾同学的奶奶做客晨会课，以“小小蚕宝宝·大大责任心”为主题，向同学们讲述了自己养蚕的经历：“每天早晨4点就起床了，在桑叶园采桑叶，采来的桑叶便拿回家喂养蚕宝宝，有时半夜还要起床给蚕宝宝喂食。养蚕可不容易，奶奶第一次养蚕的时候，由于没有经验，蚕宝宝得了公主病，死了一大半。但是，我没有灰心，向行家学习，第二年继续养，天天围着蚕宝宝转，终于蚕结茧子，我这一颗心也放下了。不过，有一次……”活动过程中，小湾奶奶告知同学们在养蚕过程中坚持和责任心的重要性。在家长课堂结束前还强调：“小小的一个蚕宝宝从不挑食、从不浪费粮食，它只吃桑叶，但是能为我们吐出‘绫罗绸缎’。作为小学生的我们也应该做到不挑食、不浪费粮食，好好学习，将来做对社会有用的人。”

家长课堂就是这样，说身边人，讲身边事，赞身边情，点滴故事让学生明白阳光处事，培养阳光心态，这就是家长课堂的魅力所在。

**解决策略**

## 家校合力　助力成长

家长资源指的是家长有可能对孩子产生教育功能的资源，教师可以充分开发和利用这些资源，开展各种班级活动。通过问卷调查，了解家长的职业和特长，大体掌握家长的资源情况，将这些资源分别归类，做到心中有底。通过调查，家长的职业包括交通警察、医生、教师、政府工作人员等。家长的特长可以包括剪纸、摄影、书法、绘画、乐器等技能特长，下棋、打篮球、打乒乓球等娱乐运动特长，与人沟通、和睦相处、教子有方等技巧特长。在调查的基础上进行汇总，建立班级家长资源库，了解每位家长的特长和所从事的职业所能提供的服务，以备活动之需。

### 一、进行个别沟通，取得家长支持

由于家长从事不同的职业，具有不同的知识水平，具有不同的脾气秉性，要想让他们主动参与班级活动有一定的难度，这就需要班主任进行个别沟通，取得家长的信任和支持。首先消除顾虑，达成共识。家长在参与前可能会犹豫不决：“这么多孩子听话吗？”“怎么组织呀？”为了消除家长顾虑，班主任可以明确表示，不是家长孤军奋战，而是家长、教师共同合作，这样可以更好地开发家长职业特长中蕴含的丰富教育资源，使双方的知识经验得到互补。其次，提前预约，共同备课。提前两周进行报名预约选定内容，协调活动时间。预约之后，教师主动了解家长设计的活动内容，帮助家长明确目标，掌握教育方法。最后，配合家长参与管理。当家长走进课堂时，教师以饱满的热情全力配合、协助家长开展活动，不能喧宾夺主。

## 二、开发家长资源，拓宽活动途径

### （一）发挥家长特长、资源，开展小组活动

教师根据本班的家长特长资源库，将学生分成各种兴趣小组。在征得家长和学校同意后，利用班级活动课在不同教室开展活动，如剪纸小组、书画小组、摄影小组等，让家长帮忙指导，每周有固定的活动时间，学期末开展一次展示或汇报。

### （二）发挥家长职业特点，开展教育活动

如开展“交通安全”主题活动时，可请当交警的爸爸向孩子们介绍警服、马路上的标志和安全、过马路的注意事项等；在开展“如何到医院看病”主题活动时，让医生妈妈来介绍医院的看病过程和注意事项等；在开展“消防安全”主题活动时，请消防中队的家长介绍火灾形成的原因、消防工具的使用、发生火灾时如何逃生等。将孩子带入各种行业，开拓小学生的眼界。

### （三）调动家长积极性，参与管理活动

家长的合作态度取决于家长和老师之间的合作关系，所以教师要以互相学习、互相支持的态度和家长进行沟通，与家长建立良好的合作关系。让家长认识到家校共育的重要性，这样才能调动家长参与班级管理活动的积极性。在此基础上，教师可以设计“献策信箱”，家长如果有好的管理方法，可以随时发

给教师。还可以召开由教师、家长和学生共同参与的座谈会，大家一起分析班级情况，针对存在的问题，制定班规班训，并以喜闻乐见的形式将班规班训呈现出来。这种发扬民主、全员参与制定的措施可以得到每名学生、家长和老师的认可。

家长资源是一片沃土，值得我们去开发和利用，学校教育需要教师、家长、社会的共同努力。

# 第六章　班级关系的稳定与协调

教育工作的开展需要调动多方关系。单靠学校是远远不够的，还必须创建一个学校、家庭、社会合力并且共同发挥作用的立体大教育环境，构建良好的各方关系有利于做到优势互补。与此同时，经济和社会的不断发展，对学校教育也提出了新的要求，这主要表现在两个方面：一是学校要培养出适应社会发展的人才；二是学校的发展应当广泛汲取社会力量的支持与参与，构建良好的关系，实现优势互补。在学校各项关系中，主要包括家校关系、师生关系、教师关系等。当前，随着教育体制改革的不断推进与深化，教育更强调民主化、人性化，更重视相关方的参与作用。随着社会环境的变化和家长素质的不断提高，各方参与学校教育的能力也在不断增强，加之课程改革的不断深入，多元化的评价理念与制度逐步确立，为构建良好的各方关系开辟了更加广阔的空间。对此，作为班主任，应努力创造条件，通过协调各种关系，缩短师生感情上的距离，直至关系融洽。协调好家长与家长之间、家长与学校之间、家长与学生之间、任课老师与学生之间的关系，使教育教学工作稳步顺畅地进行，是班主任工作的重中之重。综上所述，现代教育不仅要以教学教育为主，还需要社会、家庭相互配合，才能把教育教学工作搞好。各种关系的好坏对孩子的一生影响重大，因此，班主任必须承担起协调各方关系的责任，为教育发展保驾护航。

## 问题1 家长与家长之间出现问题，班主任如何协调？

随着教育的不断发展，家长与家长之间交流沟通也变得更加密切。然而在这个关系发展的过程中，也出现了一些问题和矛盾。由于家长溺爱孩子而引发的争执屡见不鲜。对此，面对问题，班主任需要以学生为主体，充分发挥引导作用，指导家长处理好彼此的关系。

### 问题情境

**无法沟通的对立面**

这是苏老师担任班主任的第一个年头。接班第二周，班级里的家长就因为一件衣服而“大打出手”，在班级群里引起了不小的轰动。因为从来没有遇到过这样的事情，苏老师有些不知所措。

事情发生的第二天上午，苏老师先后找来了小俊和小文这两名当事学生，向他们了解事情的经过。苏老师对小俊说：“你的衣服被小文弄脏了，小文说是因为你在课下经常骂她。老师想问你，你承不承认你下课的时候骂了她，还是她说谎了？”小俊同学听了，把头埋得老低，微微点了点头，说道：“对不起，老师，我错了。”苏老师说：“骂人是不礼貌、不文明的行为，你想想看，如果别人也来骂你，你是什么感觉？”小俊说：“老师，我错了。”苏老师说：“你知道自己哪里错了吗？”小俊说：“我不应该骂人。”苏老师又说：“知错能改就是好孩子，那现在你是不是要向小文同学道歉呢？”小俊点了点头。苏老师说：“那你去把小文叫过来吧。”两个人站在苏老师的面前，小俊先向小文说了声对不起。

处理完学生之间的矛盾，苏老师在这天下午约了小文和小俊的妈妈一同来学校，一起面对面地聊一聊。可是，两位家长来到学校之后还是怒气冲冲的。小文的妈妈说：“你怎么教的孩子，怎么可以随便骂人呢？”小俊妈妈阴阳怪气地说道：“那你家孩子也没教好，怎么可以把墨水随便弄到我家孩子的衣服上呢？总之，衣服脏了，你得赔偿！”

苏老师见此情景，连忙招待两位家长坐下，然后将事先泡好的茶递给两位家长，说道：“二位先消消气，喝口茶吧。是这样的，今天将二位约到这里，是来解决问题的，对不对？”二位家长都点了点头。紧接着，苏老师说：“情况我已经向两个孩子了解清楚了。事情是这样的：小俊经常在课间骂小文，小文心里不高兴，于是，就偷偷地把墨水弄到了小俊的衣服上了。我是这样想的，是小俊骂人，小俊有错在先，小俊妈妈您觉得呢？”小俊妈妈说道：“这个我承认，我家孩子骂人是不对，可是我家孩子在家从来没有骂过人，谁知道是不是小文对我家孩子做了什么过分的事情！”小文妈妈听了，不乐意了，说道：“我家孩子在家也可乖了，最起码不会骂人，你家孩子衣服上的墨迹都是他自找的，活该！”

苏老师接着说：“其实，学生知错能改就好，作为家长，我们要教育孩子是非对错，敢于承认自己的错误。”小俊妈妈听了，说道：“错误既然犯了，那就得付出代价，我家的衣服比较贵，还是要赔的。”小文妈妈听了不乐意了，说道：“是你们家有错在先，对吧？”说完，又吵了起来……

**情境分析**

## 让真心成为沟通的敲门砖

作为教师，苏老师在发现问题的第一时间选择了逃避，任由双方家长在班级群中争执不下，这才导致事情愈演愈烈，一发不可收拾。要知道，家长对教育、对班级乃至对学校的关注，其积极作用是能产生推动教育发展的合力功效，但负面作用则可能成为一种教育的干扰因素，甚至引发“家校冲突或危机”，带来难以估量的负面影响。因此，青年班主任要记住：班级之中无小事，班中出现任何问题时，班主任都应该第一时间站出来了解情况，及时做好家长和学生的思想工作。

教师与家长之间存在相互理解、相互支持、相互合作的双向交流活动。教师在家校合作中扮演着重要角色，教师的沟通技巧和处事方式都影响着家校合作的成效。案例中苏老师担任班主任不久，对于家长参与教学及管理感到很不习惯，甚至逃避与家长沟通交流。深究原因，我们不难发现这是教师业务技能面太狭窄导致的。他们走上教师岗位，首先，毫无实际工作经验，对于教育学、心理学的知识也只是从书本上学到的，但在这些书上并没有涉及与家长交流及合作的内容；其次，在教师培训的课程中也没有与家长合作的方法和技巧相关内容。所以他们不知道如何去和家长沟通，更别谈依据学生情况制订合理的家校合作计划。

从家长角度看，一方面，部分家长认为家长的责任是满足孩子经济上和物质上的需求，重在“养”，而“教”则是学校的事情，家长没有必要去干涉学校的教学及管理事务。另一方面，他们并没有认识到家庭教育和学校教育是相互合作、相互补充的依存关系。而且随着社会教育观念的不断变化，很多家长对独生子女溺爱万分，尽其所能满足孩子的一切要求。基于此，在孩子出现问题时，往往会将责任推给学校或其他相关人，案例中小陈和小孙的妈妈便是如此。

面对问题，教师可从以下 3 个方面着手：

第一，导入尊重感。在与家长交往的过程中，教师应做到文明礼貌，尊重对方。教师通常比家长更熟悉教育知识和教育手段，懂得教育规律。绝不能以教训式口吻与家长谈话，特别是当其子女在学校“闯了祸”的时候，教师仍要在谈话时给予对方尊重。当与家长的看法有分歧时，也应平心静气地讲清道理，说明利害关系，既要以礼待人，又要以理服人。

第二，流露真诚感。用真诚的语言或行动与对方沟通，使其感动。以诚感人要求诚与情密切配合，要使人动情，唤起人的真情，以诚感人要做到诚与真结合，以诚感人还必须伴之以虚心，否则难以取得对方的信任。

第三，注意谈话方式。教师与家长、家长与家长之间的关系都应是平等的同志关系，谈话中切忌用教训式语气，应像对待同志或客人那样用商量或交流的语气。态度要随和，语气要委婉，语态要真诚，语调要亲切，语势要平稳，语境要清楚，语感要分明，使家长一听就明白，能准确把握要旨，领悟当家长的应做些什么，从你的谈话中受到启发。

**案例分享**

## 从容来自主动

大课间时，徐老师班上的小咏同学磕伤了牙齿，由于班主任徐老师一直关注着学生们大课间的活动情况，她在事情发生的第一时间就发现了，立即把孩子送至附近医院就诊，并通知了家长。

在医院等待家长的同时，徐老师边安抚孩子，边从小咏同学口中了解事情的经过：大课间跑步进场时，小珍同学跑不动掉队了，于是后面的小咏同学便和小寒、小艾绕过他继续往前跑。小寒跑在小咏前面，突然，不知怎么回事，小咏踩到小寒的脚并被绊倒了摔在地上，还磕掉了牙齿的一角，可还没等小咏站起来，后方的小珍也摔倒了，恰好摔在小咏身上，小咏的牙齿不幸地再次与地面“亲密接触”了一次。

听了小咏的叙述，徐老师立马联系了班辅导张老师，委托她先进一步了解一下这起事件的成因，并告知自己。因此，在家长到来之前，徐老师已基本理清楚这件事的前因后果，只等孩子看牙后，根据看牙费用聚集几位家长商讨赔偿问题。小咏家长抵达医院后，徐老师与家长一起陪同孩子做检查时，向家长大致描述了事情的经过，表示让家长先为孩子看牙，第二天再来学校商讨赔偿问题。家长对徐老师的提议表示认可，便让徐老师先回学校，自行带着孩子继续看牙。

回到学校，徐老师再次找来了早上的3名当事同学谈话，并向周围的同学求证，确认了事故责任人，联系了相关家长，相约第二天一起商讨小咏牙齿的赔偿问题。第二天，3位家长如约而至，徐老师又当着他们的面，把事件经过说了一遍，并让小咏妈妈说说昨天的检查及费用情况。小咏妈妈说孩子的牙齿损伤较严重，需做贴面和隐形矫正，费用较高，希望涉事的3个人能平摊费用。小寒妈妈一听昂贵的费用，觉得小咏妈妈是狮子大开口，死活不同意赔这么多，一口咬定小咏是跑步时踩到小寒的脚才自己摔跤磕伤牙齿的，此事与小寒无关，不应承担任何赔偿。小咏妈妈听了，瞬间火冒三丈，她认为小咏摔跤就是因为前面的小寒跑步腿往后踢太高才绊倒的，小寒家长必须承担一部分看牙的医药费。双方争执不下，最终不欢而散。班主任徐老师见双方僵持不下，便提议小咏家长去为孩子的牙齿做鉴定并提供正规医院的诊断书，再来商讨赔偿金额问题。此外，徐老师还与小寒家长再次进行了沟通，小寒家长也意识到自己孩子跑步时的动作是不恰当的，很容易造成后面的同学摔跤，表示回去会对小寒进行教育。

最终，经过徐老师的不断调解，3位家长妥善地解决了牙齿赔偿问题，几个孩子也丝毫没受到影响，依旧愉快地相处着。那件事情妥善处理好后，徐老师还针对大课间活动开展了专题晨会，指导学生活动时一定要有序、文明、专心，避免再次发生此类事故。

**解决策略**

## 架一座连通家校的桥

在长期的教育实践当中，家长之间的关系容易被人忽略。但是目前看来，家长之间的关系在教育教学过程中具有特殊的意义。那么，如何从家长之间产生矛盾的原因入手，探索家长之间出现的问题的解决策略呢?

### 一、做好日常教育，奠定情感基础

班主任是班级工作的组织者、参与者和管理者，是学生健康成长的引路人。在学生产生矛盾时，班主任应及时深入细致地进行调查，不能道听途说，更不能胡乱猜疑，当了解清楚事情的经过后，班主任再晓之以理、动之以情，努力让学生认识到自身的错误或不足，效果可能会更好。如情境中的小俊和小文，从表面上看，似乎只有小俊受到了极大的委屈，被洒了墨水，其实细究其因，我们发现小俊经常在课间辱骂同学小文，正所谓有果必有因，小俊被洒墨与他本身不当的行为有着密切的联系。而这些内在的联系都需要班主任有敏锐的洞察力和善于发现的心。了解清楚事情经过后，班主任还应该分别与小俊、小文沟通，引导他们明确自身的错误，并为自己犯的错误承担责任。

此外，学校是学生学习、生活的主要阵地，是学生价值观、人生观、世界观逐渐形成的地方。班主任作为与学生接触最为密切的师长，更应该时刻关注孩子的一言一行，针对群体性多发问题，还可以在班中开展专题晨会或班会，让孩子们自己想一想、议一议，发挥集体智慧，寻找最合适的解决方法。

**二、厘清矛盾，做好协调工作**

小学阶段的孩子活泼好动，吵吵闹闹是常事，犯点小错也是司空见惯的，家长应该尊重孩子犯错的权利。孩子的责任心和自律能力不是一夜之间突然生长出来的，作为教师和家长，我们应该给他们更多的机会，引导他们远离低级错误。毕竟，教育的目的不是培养圣人，而是让孩子逐步具备自我纠错的能力。

当孩子犯了错时，家长要学会“放手”，努力向故事《12.5 美元》中的爸爸学习。这位爸爸在孩子踢碎邻居家的玻璃时，让他独自去面对自己的错误，连赔偿的 12.5 美元都是借给他的，并要求他打工偿还。也正是因为父亲这样的处理方式，这个孩子明白了要自己学会承担责任。而我们大多数家长总是习惯替孩子包办一切，其实这样只会淡化孩子的责任心，并不利于孩子的成长。

情境中的小俊妈妈得知自己孩子受委屈后，情绪比较激动，立马在群中联系并指责了对方家长，这样的行为一下子就点燃了双方的矛盾之火，导致沟通无效。其实，沟通，不是一个人单方面地说，另一个人单方面地听。有效的沟通是建立在双向交流的基础上的。如果小俊妈妈能换位思考，与对方家长面对面敞开心扉谈一谈，孩子间的矛盾可能就迎刃而解了。

作为班主任，我们应该在事情发生之初努力缓和家长情绪，并鼓励其与对方家长进行沟通，听听他人不一样的想法，让对方家长感受到自己的真诚，这是对他人不同观点的理解和尊重。这样的沟通可能会在一定程度上缓和双方的矛盾。

**三、抓住关键契机，营造良好氛围**

俗话说“环境造就人”。一个班级的氛围对学生的熏陶是潜移默化的，它对学生的成长有着重要的作用。而一个班级群有了正确的舆论导向，就能明辨是非，提倡和支持正确的舆论，批评和抵制错误的舆论，能使班集体所有成员的思想和行为拥有正确的评判标准。

班主任可以本次小俊和小文的事件为契机，召开一次主题班会，让学生围绕这件事畅所欲言、发表观点，在思辨中明白什么是正确的言行，什么是错误的言行。同时，班主任可以在班级群内公开这件事，让家长参与探讨如何处理孩子间的矛盾，是否需要干预以及怎么把握好这个干预的度。相信通过交流，家长们心里那把尺的度一定能掌握好。

## 问题 2 家长对学校办学理念认知有偏差，班主任如何纠正?

家庭教育与学校教育的衔接，需要家长和教师素质的提高和学校与家庭的默契。那么学校和家庭作为两个教育者，如何默契地行动一致？当家长对学校办学理念认知有偏差，班主任如何纠正呢?

### 问题情境

**踢球——那些永远不属于家长期盼的成长**

苏老师初出校园，对一切都有着极大的热情，把教学生活以外的课余生活也安排得有声有色，总能和孩子们打成一片。

小振是一个开朗、外向的男孩，成绩在班级里虽说比较一般，但每个同学都很喜欢他。他在班级里也总是乐呵呵的，就像一个小太阳一样散发着光和热。小振总说他最喜欢的就是足球了，每一次说起在绿茵场上的英姿，总能看到他眉飞色舞、手舞足蹈的样子。苏老师觉得小振有自己的特长爱好特别棒，于是鼓励小振去参加学校的足球社团，这样既能锻炼足球技术，又能为学校增光。小振高兴极了，一口答应了。

第二天，所有的同学都发现小振和平时不一样了，哭丧着脸，嘟着嘴，一脸不开心的样子，这可不像平时的小振啊。他到底怎么了呢？苏老师见了，摸摸小振的脑袋，问:“小振，你怎么了？这可不像平时的你啊？”一听到苏老师问他，小振的眼泪便夺眶而出，哭得再也停不下来了。过了好一会儿，小振才平静下来，对苏老师说："就是昨天说去参加足球社团的事情，我爸爸妈妈都不同意。"原来如此。小振继续说道："爸爸妈妈听说如果参加足球社团，就要牺牲一节课的时间，就说什么也不让我参加了。可是我是真的很喜欢足球，老师，你能不能帮我和爸爸妈妈说一说？"看着小振信任的眼神，苏老师爽快地答应去说服小振的爸爸妈妈。

回到办公室，苏老师马上就给小振的妈妈打了电话。他妈妈刚开始接到电话，感到很吃惊，以为小振犯了错误。当苏老师说清用意，小振的妈妈竟然一口拒绝："小振本来成绩就不拔尖，现在还要比别人少一节课，把回家的时间也拖后了，绝对不行。有这点时间，他都可以做完作业然后做其他的事情了。"苏老师向小振妈妈解释："参加足球社团不会耽误小振的功课，而且还会让小振多一门新的技能，也能为学校争光。"可是小振的妈妈说什么也不同意让小振参加足球社团，最后还说："苏老师，你不用说了，我不会让他参加的，他也不是这块料。有这个时间，我还要带他去补补课呢。谢谢苏老师了，您把这次机会留给其他同学吧。"苏老师听了小振妈妈的话，感到很无奈。回到教室，苏老师轻轻地朝小振摇了摇头，看着小振的眼神从充满希望到慢慢失望，只能垂头丧气地坐在椅子上，自言自语："我就知道妈妈不会同意的，我就知道……可是我真的喜欢足球……"

面对小振对足球的真切喜爱和小振妈妈坚决否定的态度，苏老师也不知道如何是好，原因也和小振妈妈解释清楚了，各种好处也都跟他妈妈说了，可她就是不同意。苏老师也觉得无能为力。

**情境分析**

### 全面发展道路上的刺痛

作为教师，苏老师希望小振能够坚持自己的爱好，能够在学习之余收获快乐。也能够及时和小振的妈妈联系，跟他妈妈说明参加足球社团并不会影响孩子的学习，但是小振妈妈却因为学习成绩严词拒绝了。听到小振妈妈的拒绝，苏老师有一些慌张，只表面上说了一些安抚的话，这显然不能安抚小振妈妈因为小振成绩不拔尖而产生的焦虑。这种层次的交流不能让家长看见参加社团活动的好处，不能理解学校的教学理念和孩子成长的需求。

随着教育的发展，家校间的沟通不能再单以学生的学习为主要内容，也要考虑现实的要求，关注学生的身心健康，关注学生的全面发展。但从本案例来看，主要有 3 个问题：

**一、眼中只有成绩**

家长在实际的家校沟通中，仍然热衷于谈学生的学习，忽视了对学生家长在家庭教育中开展身心教育的指导。这对青少年的健康成长是不利的，对构建良好的家校关系也是有影响的。

**二、质疑老师教育**

有部分教师总认为家长素质不高，又不懂教育规律，对教育孩子的问题没有发言权，因此常常是学校或教师用支配和命令式的口吻要求家长怎样去做。

**三、回避家校沟通**

有为数不少的家长由于不自信等原因而唯唯诺诺地服从命令，却不敢提出或不能有效地表达自己对学校和教师的要求。这样的沟通达不到互相促进的目的，家校合作和家校关系也无法实现改进的目标。

除此之外，由于教师与家长之间的联系少，家长对学生的了解也不全面，有的家长对孩子的教育也缺乏针对性。因为平时没有对学生的问题进行及时沟通，当事情发展到一定程度教师才通知家长来解决，家长往往会给学生严厉的斥责，有些家长还会因此与教师发生冲突，埋怨教师没有及早提醒。因此沟通形式的单一和缺乏互动，会造成沟通的不及时，没有形成对学生问题苗头的关注，从而影响学生的健康成长。

**案例分享**

### 看懂家长一颗浮躁的心

小赵老师是一名低年级的班主任，班里有一名叫辉辉的男孩子，他的数学和英语不错，但是语文严重偏科。尤其是进入二年级以后，因为不喜欢语文，他在语文学科上花的时间更少。

针对这一现象，小赵老师曾多次与辉辉谈心，分析其语文成绩不理想的原因，并制订了一系列提高语文成绩的措施，使辉辉在日常的学习中对语文产生了兴趣并开始努力地学习语文。辉辉在课堂上积极回答老师提出的问题，并在课后努力完成老师布置的作业，更可贵的是，辉辉爱上了看课外书。经过一系列的努力学习后，辉辉终于得到了回报。在二年级的一次期中能力竞赛中，辉辉获得了"语文小能手"的称号。取得这样的成绩，是对辉辉学习成果的肯定，与他平时的努力是分不开的，因此辉辉自己也十分开心。于是小赵老师告诉辉辉，应该将这个好消息带回家告诉他的妈妈。

但是，第二天上学时，小赵老师发现辉辉并没有预期中的兴奋，情绪反而比较低落。于是，小赵老师便在课间找到辉辉，询问他遇到了什么困难。他跟小赵老师说，昨天他回家把他的进步告诉妈妈的时候，妈妈并没有预想中的高兴，也没有对他进行表扬，反而怀疑他说的话的真实性，否认他的努力，认为他是通过作弊得来的。因此，辉辉觉得很委屈，还和他妈妈顶了几句嘴。听到辉辉反映的情况，小赵老师觉得有必要和他妈妈谈一谈，以改变其在教育孩子的过程中存在的错误理念。于是，小赵老师先安抚了辉辉的情绪，并在辉辉离开后，给他妈妈打了电话，希望她可以就辉辉同学今日在学校的表现到学校一趟，他妈妈也十分爽快地同意了。

不久后，他妈妈就来到了学校，并且情绪表现得较为激动。一进办公室，还没等小赵老师开口，便抢先问小赵老师说是不是自己的孩子在学校犯错误了，觉得辉辉始终不让人省心。紧接着便说起了辉辉的问题，在这一过程中，辉辉的妈妈说的都是孩子自身的缺点，始终没有提到辉辉的优点，并足足说了有 10 多分钟，小赵老师完全插不上嘴。

在教学生涯中，小赵老师经常遇见这样的家长，他们对自己的孩子缺少足够的了解与信任，不仅不会对孩子取得的成绩进行表扬，还总是觉得孩子在学校会惹什么麻烦。因此，小赵老师没有打断这位家长的话而是选择了继续倾听。

小赵老师的本意是和辉辉的妈妈反映她不相信孩子的问题，使她可以在日后对孩子教育的过程中多对孩子的进步进行表扬。但是当她听完辉辉妈妈的话后，小赵老师改变了自己的想法。小赵老师先是和辉辉的妈妈说了辉辉最近的进步以及他语文成绩的提高，并对其进行了表扬，使他的妈妈确信自己的孩子没有作弊，是她错怪了孩子，并在说完这一问题后，顺势和辉辉的妈妈谈论了一些教育孩子的方法。

辉辉的妈妈在和小赵老师沟通过后，也认识到了自己存在的错误，认为是自己冤枉了孩子，使孩子受到了委屈，并且希望可以当面与孩子交谈，消除彼此的隔阂。于是，小赵老师把辉辉叫到了办公室，给他和他妈妈一个单独的空间来交谈。在辉辉的妈妈离开学校之后，辉辉和小赵老师说，他妈妈主动给他道歉了，这使他非常意外。他对小赵老师说："老师，谢谢您，以后我一定会更加努力读书的。"在这次沟通之后，小赵老师看到了他的进步，辉辉努力地学习每一学科，并且他的妈妈也会经常给予他鼓励，辉辉的成绩也在稳步提高。

**解决策略**

## 家校沟通需要纽带

家长对学校办学理念认知有偏差的情况在教学的过程中时有出现。由于学生大部分时间都是在学校中度过的，回到家里又和家长缺少交流，导致大部分学生与家长之间彼此缺乏足够的了解，因此就会出现学生在学习过程中取得较好的学习成绩时，家长却对学生的学习成绩产生怀疑，从而大大降低学生学习的积极性的情况。在面对这种情况时，教师需要跟学生和家长进行沟通，充分发挥学校与家长之间沟通纽带的作用，消除学生和家长之间的误会，增加家长对学生的了解，积极鼓励家长肯定学生在学习过程中取得的成绩，并引导家长与教师共同努力，帮助学生取得学业上的进步。

### 一、积极沟通，互通有无

教师在教育学生的过程中作为学校和家庭之间的纽带，应该在发现问题时及时与学校和家长进行沟通，对于家长不认同办学理念的原因进行调查与分析，及时发现问题并纠正家长错误的教育理念，并及时地向学校的上级领导反映，使学校与家长之间可以进行有效的沟通，在家长认同学校办学理念的形势下开展一系列有益于学生提升自身行为能力的活动，使学生在参与活动的过程中锻炼自身能力，培养良好的学习习惯。

**二、开展活动，加深了解**

很多家长不认同学校的办学理念是因为其自身缺乏对学校活动的体验，由于没有亲历，导致家长觉得学校开展课外活动就是浪费学生的学习时间，会影响学生的学习成绩。因此，想要让家长认同学校的办学理念，支持学校课外活动顺利展开的有效方案，就是积极开展亲子活动，使家长能够与学生一起参与学校举办的活动，让家长在参与学校开展的课外活动的过程中，增加对课外活动的认同感，通过对学校开展课外活动的了解认同学校的办学理念。

**三、耐心引导，认同理念**

对于家长不认同学校办学理念这一问题，学校和教师需要耐心地对其进行引导。解决这类问题是一个缓慢的过程，不能急于求成，需要学校和教师积极对家长进行疏导，使家长在积极的氛围中体验学校办学理念的正确性，并对家长在体验的过程中遇到的问题及时地进行解答，同时学校也应该听取家长在体验办学理念过程中提出的建议或意见，并针对家长提出的意见或建议及时对学校的办学理念进行调整，增加家长的认同感。

综上所述，教师要做好学校和家长之间沟通的桥梁，积极向学校反馈家长的意见。学校也要定期开展亲子活动增加家长对学校办学理念的理解，并且耐心地对家长进行引导。通过这一系列的措施使家长认同学校的办学理念，并通过学校对办学理念的顺利开展来提升学生的综合能力。

## 问题3　家长与学校和老师沟通缺乏主动性，班主任如何引导？

通过与家长沟通了解学生的家庭环境和成长经历，班主任更容易理解学生的在校表现，更能顺应其特点进行引导，帮助家长寻找更适合该学生的教育方式。通过与班主任的有效沟通，家长能够更全面地掌握孩子在家庭环境之外的表现，与班主任形成统一的教育思想，减少教育隔阂以及不必要的矛盾，促进学生在良好的教育环境中全面发展。然而家长与学校和老师沟通缺乏主动性是当前面临的重要问题，基于此，班主任做好引导，保证有效沟通意义重大。

### 问题情境

## 被“遗忘”的文具

沟通也是一门艺术，学好这门艺术，能让班主任工作事半功倍。新学期开始了，苏老师接手了一（3）班这个新集体。开学初，苏老师就在新生家长会上告知了家长应该准备好哪些基本的学习用品。

但是经过一周几次检查下来，苏老师发现小凯仍然没有买好基本学习用品。于是苏老师联系了小凯同学的家长。果然，小凯同学的家长告诉苏老师他忘记了，第一次沟通草草收尾。

原以为经过一次提醒，小凯同学的家长会有所改变，但是到了第二周，小凯同学还是缺少很多文具，导致其在学校的作业总是完不成。于是苏老师再一次拨打了小凯同学家长的电话，没想到这次等待苏老师的只有挂机、忙音，连回电也没有。

这让苏老师犯了难，不知道该从何下手。于是，她准备趁今天放学时和小凯同学的家长好好聊一聊。苏老师尝试与小凯同学的家长深入聊一聊孩子的在校情况、学习状态等，但是小凯同学的家长却以很敷衍的态度回应苏老师：“好的，知道了。”并且急急忙忙地走了，似乎并不想与老师多交流。到了第三周、第四周，小凯同学的文具还是缺这少那，情况并没有多大改观。

为了改变这种局面，苏老师决定到小凯同学家中进行家访。在约好的时间，苏老师来到了小凯家中。小凯的爸爸说：“我们上学时，没有那么多的作业，也不需要那么多学习工具，那时候老师还会给我们讲故事呢。怎么现在就有这么多要求了啊？”

苏老师解释说：“孩子们刚刚入学，还这么小，家长们肯定不放心。我把一些要求和情况发到班级微信群里，照片传上去，你们看见了，就知道自己的孩子在学校干了什么，在学习中需要什么。”停顿一下后，苏老师继续说：“这样做最大的目的就是希望家长配合支持我们老师的工作，因为只有赢得了你们的支持，我们的工作才能顺利开展。”家庭教育真的非常重要，如果家长不配合教师的工作，那么教师的工作将会很难做，苏老师这样想着，所以真诚地对着小凯同学爸爸解释道。

小凯的爸爸说：“我平时工作比较忙，群里每天这么多信息，有些我根本看不到。很多时候我觉得一些要求根本就没必要。另外，学校与家长的沟通也比较单调，有些信息根本接收不到。”

苏老师说：“我们一直都是采取这种方式，这也是最有效的方式，希望您多加留意。另外学校的要求都是有必要的，不会提出无理的要求。”随后，苏老师便离开了小凯同学家。

**情境分析**

## 打造有效沟通之路

学校和家庭的有效结合是加强未成年人思想道德建设的关键，而每个学生都来自不同的家庭，家庭的环境、家长的素质、家长的教育方法都将对孩子思想道德的形成产生重要的影响。在案例中，我们要充分认识到以下5点：

### 一、理念要一致

家校双方均需要认识到，教育不仅仅是学校和教师的事，也是社会和家庭的责任。教育需要全社会的支持，更需要教师和家长的通力合作。因此作为家长，应该拿出与教师沟通的诚意。现在的学生有不少是独生子女，属于“抱大的一代”，有许多家长对自己孩子的教育投入的精力不够，特别是对孩子独立性与良好习惯的培养方面更是如此。

**二、立场应相同**

在案例中，小凯家长对教师的要求感到不解。其实更多的是家长在面对教师时，他们可能也认为教师说的不无道理，但就是不愿“委屈”一下自己的孩子，对于与教师之间的沟通总是出于应付，完全没有一点诚意，直到教师对其丧失信心。

**三、方式要协同**

家长与教师由于教育方式、方法的分歧缺少一个和谐的沟通氛围，容易产生一些难以沟通的障碍，也很容易导致教师对家长的家庭教育方式有看法，家长对教师的教育方法有意见，使得两者之间的沟通不能顺利进行，这样的沟通往往会产生这样的场景：教师成了训话人，家长成了毫不相干的听众，两者都对对方“不以为然”，这就进入了沟通的死胡同。

**四、地位要平等**

我们要认识到当前学校和家庭两者地位不对等，不能平等地交流，使两者作用相互抵消。学校教育因其自身的专业性和权威性，在家校合作中居于主导地位，家校合作仍停留在学校需要家长配合的状态。家长处于“呼之即来，挥之即去”的被动地位。如学校举办“家长开放日”，本应是家长自愿参与、相互交流、共同进步的活动，但是在实践过程中往往流于形式，应付了事，缺乏实质性的效果。家长只是被动接受学校的通知，按照学校预先设定的流程参与活动，在实际参与过程中因其主观意识不强，不能很好地行使自己参与学校教育的权利。

**五、沟通有诚意**

任何沟通都需要诚意，教师与家长也不例外，如果教师在与家长沟通时能够放下自己的“架子”，家长也拿出自己的沟通诚意，就容易统一意见，容易给孩子选择一种更加有效的教育方法，真正做到因材施教，就可避免教师讲一套，家长做一套，学生在两边应付而无所适从，或者干脆谁都不理的尴尬局面。我认为，教师必须了解学生的家庭情况和家长的基本信息，因为家长的职业、性格、认知水平不同，他们的教育观念和教育方式也不尽相同。

**案例分享**

### 孩子需要的是“成长”不是“长大”

开学第一天，孟老师发了许多新书与练习本给孩子们，孩子们也显得非常兴奋，表示要把新书保护好，一回家就要和家长一起给新书包书皮。第二天收本子时，小组长报告小凯没有带本子，于是孟老师利用课间时间耐心询问了小凯，小凯说家里没有本子。于是，孟老师打电话联系了小凯妈妈，小凯妈妈说这几天很忙，所以没给孩子准备本子，今晚就买。

第二天，小凯还是没有把本子带来。第三天，孟老师在课上第一次教孩子握笔的姿势，并耐心指导孩子们写“横”。发练习本时发现小凯的本子还是没带来，于是孟老师只好拿了一本新本子先给小凯写。写了一会儿，小凯举手报告，他的本子写破了，原来小凯的笔头折断了，孟老师开学时请小朋友每人卷好 10 支 2H 笔放在铅笔盒里，所以对小凯说：“小凯，没关系，换一支笔再写！”可小凯委屈地说：“我没有笔了！”孟老师一看小凯的铅笔盒，只剩一支短短的 2B 铅笔，连橡皮、尺子都没有。

于是，孟老师只好帮小凯跟同桌借了一支。下课后，孟老师又连续打了几个电话给小凯妈妈，但没人接听。接下来的几天，小凯依然状况百出，一会儿体育课没带绳子，一会儿没带水杯，一会儿值日时没带抹布，甚至有一天连铅笔盒和语文书都没带。孟老师几次联系家长，好不容易联系上了，家长态度也不错，表示会帮孩子一起准备好。但接下来的几天还是没做好，家长总有各种各样的理由，孟老师教书十几年，第一次遇到这样不重视孩子的情况。

在这一星期里，孩子也从一开始对小学生活有许多期待与兴奋，到后来一看见老师就紧张、胆怯，害怕老师又批评他什么都不准备。看到小凯这样，孟老师也感到非常心疼，决心一定要当面和小凯家长好好聊一聊。于是，孟老师不停地联系小凯的父母，终于找了个大家都有空的时间聊了聊。在与家长谈话前，孟老师了解了小凯父母的工作等情况。

谈话开始时，孟老师首先肯定了小凯的一些优点，比如，小凯上课非常认真，课堂作业完成较好，值日做得很认真，自理能力很强，等等。听了老师的话，小凯妈妈的脸色从一开始的不耐烦慢慢缓和了许多，脸上也露出了笑容。确实，孩子很棒，但孩子也确实还小，刚正式成为一年级的小学生，与幼儿园生活有许许多多的不同，需要他去适应，更需要家长各方面的支持与鼓励。孟老师询问了小凯在家的一些情况，了解到小凯父母在经营一家小公司，经常需要出差办事，大部分时间小凯都由爷爷奶奶代为照顾。

针对这样的问题，孟老师耐心跟小凯妈妈讲了小凯近两个星期内情绪的变化，告知其一年级做好充分准备的重要性，这不光是孩子一个人的事。小凯妈妈听得很认真，也表示确实是为了工作忽略了孩子，对老师的再三提醒没有重视起来，总觉得老师有些小题大做了，只要孩子上课认真听讲就没什么大问题，在学校老师帮忙管好就行了，家长也做不了什么。

经过这样的换位思考、耐心分析、真心交谈，小凯妈妈恍然大悟，站起身激动地握着孟老师的手连声道谢，感谢孟老师让她豁然开朗，知道了赚钱与孩子哪个更重要，自己真正的目标是什么。经过那次深刻的谈话，小凯妈妈与孟老师的交流也变得频繁了起来。对学校布置的任务，小凯妈妈也非常重视，经常陪着孩子，支持孩子去努力完成，家校沟通变得非常流畅。为以后孩子的健康成长打下了坚实的基础。

**解决策略**

## 抓住同理心，维系师生情

家校的有效沟通一直是学校教育、学生健康成长必不可少的环节。在孩子的整个教育过程中，家庭与学校是关键，学生大部分的时间都在家中与学校度过，家校沟通工作做得好，班风就好，学生的课堂表现、精神面貌相对也会更好；反之，则会使班级如同一盘散沙，没有凝聚力，教育效果很差。所以家校加强有效沟通、达成共识、统一教育方针，才能达到事半功倍的效果，让整个班级凝聚在一起，共同进步，共同为孩子们营造良好的学习氛围。

## 一、沟通前做好准备工作

班主任在找家长面谈前，应先做好充分的准备工作，了解其家庭基本情况，明确此次谈话的目的，合理安排好谈话时间与地点，给家长营造一种温馨、和谐的沟通氛围。沟通内容也应反复斟酌，避免泛泛而谈、无重点、无针对性。班主任还可以准备一些孩子的优秀作业、绘画作品、活动影像资料等，给家长介绍孩子的在校表现，帮助家长了解学校的教学过程以及孩子的学习状态。在沟通开始时，应从孩子的优秀面谈起，多赞美少批评，并认真倾听家长的反馈及建议，共同商讨解决策略。

## 二、沟通时做到明察秋毫

性格不同，交谈的方式也不同。在班主任与家长沟通过程中，应做到针对不同类型的家长，采取不同的沟通方式。与性格外向的家长交流，教师可以热情、风趣、侃侃而谈；但对于不善于交谈，比较内向、顾虑较多的家长来说，教师应营造一个温馨的谈话氛围，语气要亲切自然，适当放慢语速，以认真倾听、正面鼓励、引导为主，谈话注意措辞，以减轻家长的心理压力；对于特别大大咧咧的外向型家长，我们要把重点突出来讲，让其认识到问题的重要性，并引起他的重视。

## 三、沟通时注意语言的艺术性

家校沟通能否取得良好的效果，很大程度上也取决于老师与家长是否处于平等的地位，双方是否互相尊重。谈话时要面带微笑，亲切自然，断不可以居高临下，以指责、命令的口吻说话。多多发现孩子身上的闪光点，对于不足之处则与家长共同探讨产生的原因及解决策略，制定家校统一的教育方针。

自孩子踏进小学校门的那一刻起，家长就对孩子有许多的期许与担忧，老师对新班级的学生也有无数的期望；家长爱孩子，老师也同样把班中每个孩子当成自己的子女在教育。孩子的表现好了，老师和家长都为他们感到骄傲；表现差了，老师和家长一样为他们着急。孩子成长的点滴都牵动着家长与学校、老师的心。所以，在整个教育、成长过程中，孩子离不开家庭与学校，家校联系不能断，只有家校相互信任、理解，共同配合，才能把我们的孩子培养成为身心健康、积极向上的阳光儿童。

## 问题 4 班主任如何协调学生和任课老师的矛盾?

班主任工作是一门复杂的艺术，需要我们在日常的工作实践中用心揣摩总结，在运用机智去处理突发事件中不断形成、提升自己独到的工作艺术。其中师生关系的不和谐是一个重要的问题，不仅会影响教师工作的积极性，而且关系到一个班级、学校的风气。所以，作为班主任，必须在自己工作的范围内认真、睿智地处理好学生与任课老师的矛盾。

### 问题情境

**交头接耳的小明**

小明是一名三年级的学生，平时就十分调皮，且活泼好动。正是因为好动，小明同学在上课时不遵守纪律，和谁同桌就和谁玩。因此许多任课老师向班主任反映小明上课交头接耳，干扰教学秩序。

出于这个原因，班主任苏老师总把小明安排在教室的最前面的边上。让他和其他同学课上不能接触，这样上课就会好一点，最起码他是自己玩不打扰其他同学。

在此之后的一段时间，小明表现一直都很好，从一开始在班里的中下水平到现在的中上水平。

苏老师对小明说："小明同学，你近期的表现很好，希望你能够再接再厉，彻底把课堂上交头接耳的问题改掉，这样保持下去再努力一下的话，你一定能名列前茅。"与此同时，随着成绩的进步，任课老师们也改变了对他的看法。

可是就在谈话后没几天，小明有点得意忘形了，之前交头接耳、好动的毛病又犯了，开始在课堂上不遵守纪律做小动作，甚至有时候还和老师顶嘴。

在某天的数学作业课上，数学老师李老师发现小明与其他同学说话。李老师随即问他是否说话了，小明说没有。然后老师让学生投票，结果全班 40 人，有 30 多人听到小明说话了。老师很生气，就把他叫到办公室训了一顿，还把情况告知了家长。

然而事情并没有结束，第二天小明班的班长又领着小明去跟李老师说，小明确实没说话，而是去教其他同学数学了。李老师得知情况后，也觉得冤枉了小明，但并没有说什么，而是叫小明回教室学习，以后注意上课不要随便交流说话。

小明一向比较喜欢的英语老师钱老师，在英语课上让他回答问题，但是这次小明没有回答正确。钱老师得知近期小明的表现情况，想着借助这个机会找小明同学聊聊，便说："既然这个问题答错了，小明下课后你到办公室等我。"站着的小明没有作声。

下课后，小明没有去办公室，老师一生气便过来喊他，不情愿的小明随钱老师来到办公室。没想到钱老师刚一坐下，小明便顶起嘴来，他说："不就是答错问题了，我马上改过来不就行了，为什么要上办公室？"

钱老师听见这话，本来想和小明聊聊的想法瞬间没有了，劈头盖脸地批评了小明一顿。并喊来了小明的班主任苏老师。小明辩解道，答错了问题来办公室总是不光彩的事，所以直接顶撞了钱老师。

班主任说："你现在也不像一个学生样，昨天数学老师事后就建议我让你回家反省。这样你回家反省一下午，明天再来上学。"班主任苏老师希望这样能够给他一个深刻的教训，让他以后能彻底改正。

**情境分析**

## 走进学生的心

现在的孩子很多是独生子女。独生子女的家庭教育问题，在我国当代的家庭教育工作中已成为十分突出的问题。分析案例中的原因主要可归为以下几点：第一，孩子的性格所致，有些孩子从小养成了和大人辩论的习惯，喜欢顶嘴，无论什么事总愿意和别人理论一番，不会顺从别人。第二，到了一定阶段后孩子的自主性越来越强，老师的话已经不再是圣旨，尤其是牵扯和影响到学生的自我形象方面的内容，学生顶嘴时会非常激烈，这就是人们所说的逆反现象。第三，教师说话不注意策略或者说话留有瑕疵和漏洞，给了学生顶嘴的机会。如果仅仅是和老师解释解释没有问题，但如果是孩子性格方面的原因，尤其是因为孩子不遵守课堂纪律被老师批评而导致顶嘴，则需要引起班主任的注意，并予以纠正。

案例中的情况并不是个例，在现实当中，学生与任课老师之间有矛盾在所难免，有的是因为任课老师过于严厉，说话不留情面，学生正处于敏感期，难以接受；有的是因为上课时老师管理太松，有不负责任之嫌；也有的是因为老师讲课深浅度不够或方法角度欠佳。但无论哪种情况，如果处理不当，都有可能造成师生之间的对立，不利于教学工作的正常开展。作为班主任，一味惩罚效果有限，相比之下应该引导孩子树立正确的观念。一方面，提醒孩子良好的形象不是在和别人争执中赢得的，而是在自己的言语和行为中树立的，如果处处和别人尤其是和老师顶嘴是最容易损坏自我形象的；另一方面，将心比心设身处地让孩子站在别人、老师的角度去考虑一下问题，想想这样下去会怎么样；除此之外，多引导孩子与老师交流学校和学习中好的事情，体验学习和犯错改错中的成就感，改善孩子的学习情绪。

综上所述，适时、适当是处理好学生与任课老师之间矛盾的关键。所谓适时，就是要选择适当的时机；所谓适当，就是班主任要采用好的适当的方法。师生之间的矛盾有两种情况：一是暂时的矛盾激化，二是长期形成的不和情绪。当师生都有情绪时，班主任就需要冷静处理。作为老师，要避免充满情绪的“训话”，应尽量认真倾听、耐心交流、诚心商讨，让学生在老师这里获得理解与尊重，使其不满与委屈在老师这里得到发泄和平息。对于情绪激动的学生，老师也可以采取冷处理：当事件突发后，努力做到不在第一时间火冒三丈地“暴训”学生，而是给他留出一段时间度过其心理的“过度自我防卫”期，再个别谈话，这时学生已心平气和了，思想工作自然水到渠成。对于长期形成的不和情绪，一味地说教并不一定见效，运用合适的时机进行教育，并寻找机会增进学生与任课教师的沟通，才能获得更好的效果。

**案例分享**

## 安分下来的“捣蛋大王”

陈老师班上有两个学生比较调皮，一个是小凡，一个是小冰。班级里的同学基本上都不愿意和这两名同学玩。可是，同学越是对他们冷淡，他们两个越是闹腾，弄得班级里“鸡飞狗跳”，不时就有小朋友来报告他俩在班内造成的各种“事故”。可是，任凭陈老师使出各种招数，批评也批评了，家长也找了，这两个调皮的小家伙就是没有一点儿转化的迹象。陈老师非常苦恼，向结对的师父请教。带教老师提醒她每个学生都是一个鲜活的个体，没有一种方式是适合所有学生的，要多观察他们，分析他们行为背后的原因。带教老师还建议多看一些教育类的书，多看专业的教育公众号，认真研究里面介绍的方法和案例分析，不断充实自己的“方法库”。

那天，小凡同学插嘴的老毛病又犯了。老师讲课的时候，小凡同学总是时不时地冒出一句话来，打断老师的讲课，有时还惹得同学们哈哈大笑。显然，这样的行为是不好的，但是，这一次，陈老师没有像往常一样批评他，反而觉得这些都在意料之中。因为小凡同学说的内容确与课文相关，也确实值得关注和思考。这说明他其实并没有开小差，反而是在积极地思考。分析他这种行为的心理，他无非就是想在同学们面前显示自己的能力，喜欢“出风头”“逞英雄”，以引起同学们的注意。

找到了问题行为的原因就可以对症下药了。陈老师决心让这两个“捣蛋鬼”在班级中展现他们的能力，让同学们对他们刮目相看，改变他们在班级中的处境。

一天美术课上，小凡又插嘴，被美术老师要求自己到班主任处承认错误。看到小吴一脸“我没有错”的表情，无所谓地讲述他课上的表现时，陈老师的火气一下子冒上来，真想朝他大吼几嗓子。但听到小凡说：“我看到课件旁边冒出一个广告来，我想提醒老师关掉。老师没有听清楚，以为我捣蛋。”

这时，陈老师的怒气一下子消散了，她抓住契机，改变策略，提出让他将功赎罪，当班级多媒体管理员，负责开关设备以及设备的卫生等。没想到，他听到这个官职后，大吃一惊，不好意思地笑了。自此以后，他每天的变化，陈老师都看在眼里，因为老师安排了工作，所以下课的时候他开始认真履行自己的职责，也没有时间去跟同学吵吵闹闹了。渐渐地，跑来报告的同学少了。

现在，他虽然偶尔也还会“捣乱”几下，但并不像以前那样不听管教，变得可爱了许多。

是啊，在班级管理中，总有几个“捣蛋大王”，给班主任的工作增加了很多困难。对于“调皮”学生在课堂上出现的一系列问题，作为一名人民教师，一定要注意不能用语言攻击伤害学生，那样反而会让学生出现逆反心理，和老师对着干。

**解决策略**

## 当一名处理“师生冲突”事件的“清官”

师生冲突是社会冲突的一种特殊形式，是存在于教师与学生之间的一种紧张状态。当班级任课老师与学生之间发生冲突时，作为班主任，要做好沟通协调工作，帮助他们消除彼此之间的误会，建立理解和信任，以保障教育、教学工作顺利进行。任课老师和学生之间的矛盾冲突大致分为两类：一类是个别学生与老师之间的冲突，一般具有偶发性、激烈性和短时性的特点；第二类是学生群体和老师之间的冷眼相待，主要原因是师生间没有建立起良好的关系。不管是处理哪一类的师生冲突，班主任都要做到公正严明，做一名“清官”。

### 一、树立正确观念，理性看待冲突

班主任要用正确的学生观来看待学生，学生都是有思想、有观念的鲜活个体，有着自己对周围事物的认识和看法，当然，由于心智不够成熟和社会阅历不足，学生的言行举止不可避免地会存在一些不足。作为班主任，要树立正确的学生观，要允许学生出现“成长性”的不足或者“幼稚”，甚至是“不可理喻”。只有接纳了学生，才可能了解学生的想法，才能更好地引导学生从“抗争”的状态中走出来，以理性的方式应对自己和老师之间产生的冲突。

## 二、保持沉着冷静，避免激化冲突

在发生师生冲突，尤其是突发性事件冲突时，如果班主任急于判断，迅速处理，此时可能任课老师和学生都处在愤怒、不满的负面情绪中，双方难免说出过激的话，甚至做出过激的事。所以，面对突发性师生冲突，作为班主任首先要保持冷静，切不可随着情绪走，要先调整自己情绪，并试着平复学生和任课老师内心的情绪，可以指导学生冷静下来，让学生内心的情绪逐渐得以平复。班主任一定要避免用激烈的言语和行为激化师生矛盾，应冷静考虑引起师生冲突的原因，采取适当的方式加以缓解。

## 三、以聆听和引导代替说教与训斥

如今学生的自我观念和独立意识越来越强，他们希望能被周围的人尤其是老师肯定，在发生师生冲突的时候，班主任作为“协调者”，要允许学生把话说完。要花时间去聆听学生的真实感受，帮学生找出问题的症结，而不是急于表达自己的看法，对学生进行批评与训斥。平日里，爱“顶嘴”的学生往往容易遭到老师的训斥，在发生冲突时，这些常被批评、训斥的学生往往会被剥夺解释的权利。然而这些犯了错误的学生也应该有解释的权利，班主任不可武断地阻止学生申辩，否则，学生虽不敢言，但内心不服，对化解师生冲突并没有实质性效果。

## 四、注意说话的艺术，合理化解冲突

俗话说得好，退一步海阔天空，这也适用于化解师生冲突。理智地让一步，不但不会损害老师的尊严，反而会拉近师生间的距离。同时，一位公正的班主任要尊重学生，保护学生的自尊心，在处理冲突时要对事不对人，切忌用讽刺、挖苦等方式去批评学生。另外，教育学生要就事论事，不可就事论人，万万不可因为某件事或几件事就对学生下结论、贴标签。

**五、合理发挥教育合力，有效化解冲突**

有些班主任在遇到学生不服从管理等行为时，习惯喊家长来教训孩子，这种做法有时看来是“有效”的，好像学生“顺服了”，但在学生心里却可能会认为老师无计可施，反而会让学生有“得胜”的感觉。所以，班主任尽可能让师生矛盾在内部化解，而不要过多采用“搬救兵”的方式，那样可能表面上解决了问题，实际上却造成了师生间的隔阂，或者引起学生的不满。当然，对于某些激烈冲突，需要学校、家长配合的时候，班主任也要发挥好纽带作用，形成教育的合力，家校携手解决师生冲突。

**六、理清思绪，公正处理冲突**

处理“师生冲突”事件，班主任要做好一名“清官”，一味维护任课老师，冲突非但不能解决，反而会让师生矛盾激化；而一味替学生说话，任课教师对班主任、学生、日常教学都会有抵触情绪，对班级的成长不利。因此，班主任一定要公正严明，学生有错，要适当批评；任课老师有错，要委婉指出。对于犯错的学生，要帮助其找到犯错的原因，采取措施避免这种事件的发生。同时，班主任要利用好反面事例进行教育，警示班内有不良倾向的学生，从尊重任课老师的工作开始尊重老师。对于老师的过失，班主任事后可以委婉指出。其实，老师主动向学生道歉，不但不会影响老师的威信，反而会在学生心目中留下大度的印象，甚至会成为学生心目中的偶像。这才是新时代背景下适应时代发展的师生观。

## 问题 5　班主任如何引导学生之间的伙伴交往？

人是社会中的人，在日常生活中人离不开与他人的交流与沟通，良好的人际交往与沟通能力不仅能很好地表达自己，还能促进与交流对象的关系，小学生也是如此。小学生的人际交往与沟通的对象主要有家人、同伴、教师，他们与不同类型的人的交流方式是不同的，与他们交流的内容、交流的氛围以及心理需求有关。同伴交往在小学生心理健康发育中可以起到关键作用。基于此，班主任正确引导学生之间的伙伴交往具有重要意义。

**问题情境**

### 这样的冷处理真的合理吗？

有一天，苏老师班上的小昊和小轩两名男生课间操后满脸愤怒，打得火热，同学们都围着看热闹。这个时候班主任走过来了，围观的学生有的说是小昊做错了，有的说是小轩做错了，七嘴八舌地说着。两个男生看到班主任过来了还没有停手的意思。

随后，小昊、小轩两个人气冲冲来到办公室。一到办公室，两人就抢着向班主任说自己的委屈，火药味儿十足。

班主任："告诉我这是怎么回事。"

小昊："他骂我……"

小轩："他先动手打我……"

小昊："他先打我……"

小轩："他先骂我……"

苏老师立刻意识到两人闹矛盾了，他们的说辞让苏老师感到莫名其妙，就让他们一个一个地讲述事情的过程。事后苏老师了解到，开学之初，班级要改选班委会，由全班学生民主投票选出所有的学生干部。其中选举小昊当班长的呼声最高，而上届班长小轩虽然学习成绩不太好，但是为人豪爽大方，也很受同学喜欢。

投票结束后，由原来的学习委员小莉和数学课代表小昭进行唱票和计票，最后上届班长小轩以高出小昊一票连任班长。选举结束后，小昊不认可选举结果，认为唱票和计票环节有问题，支持小昊的同学也不能接受选举结果，气氛一时极其压抑，口头争执愈演愈烈。

在弄明白事情的原委以后，苏老师就问他们俩："你们到我这里来，是希望我怎样处理对方呢？"这时他们两个不出声了。苏老师开始"调节"，想让他们和解，因为事情的起因是本次选举。

由于两名学生正在气头上，都气喘吁吁，红着个脸，苏老师跟他们说什么，他们都听不进去，两人还没有从吵架的状态中完全恢复过来。班主任没有因为小轩是上一届班长就袒护他，要求他们先冷静下来，班主任虽然认为“唱票和计票的都是值得信任的同学”，但是没有简单地宣布“选举有效”，而是换人重新计票，最终计票结果被证实是准确有效的。

眼看就要上课了，他们还不肯和解，于是苏老师就让家长先把他们领回家反省一个下午。待第二天回来后，小昊和小轩虽然不再剑拔弩张，但是两人并不说话。苏老师也并没有做后续的处理。

**情境分析**

### 奇妙的人际关系

班集体中的人际关系既丰富多彩又变化多端。班主任老师要树立民主意识，了解具体情况，分析背后的原因，采取恰当的方法加以引导，帮助学生处理好人际关系，做到“润物细无声”，进而达到学生自我教育的目的，形成“东风化雨山山翠”的良性局面。案例当中，一方面，苏老师虽然了解了情况，但是不应采取回家反省的方式，这会耽误学生的正常学习；另一方面，在两个学生返校后，苏老师也没有采取措施调解他们之间的矛盾。如果认为小小的矛盾不会构成大的隐患，那么就可能为以后埋下隐患。

面对同学交往中的矛盾，应把握好以下 3 点：

**一、抓住时机化解矛盾**

抓住时机就是抓住双方能谈得开说得拢的时候，如在同学间情绪高涨时把话谈开。此时，人会比任何时候都显得宽宏大量，能原谅别人的一般过错，也不会过于计较对方的言辞。因此，可以告诉孩子发现与他闹别扭的同学情绪高涨时，应抓紧时机与其谈话，或在同学心情比较好时说，或在同学有和解愿望时说，或者在第三者有效调解后说。

## 二、针对特点化解矛盾

针对同学情况，从不同角度说；针对同学的气质，从不同侧面说。如在与胆汁质的人谈话时，应运用谦和的语气，从启发、自责的方面说；与多血质的人谈话，宜单刀直入，开诚布公，以有力的事实和道理进行规劝、说服；与黏液质和抑郁质的人谈话时，就要运用“迂回战术”，多用暗示和婉转语气，商讨性地说。

## 三、尊重人格化解矛盾

孩子与同学化解矛盾要做到尊重别人的人格，虽然同学之间有矛盾，但是有话好好说，要讲究礼貌，不说脏话；控制情绪，不说气话；主动检讨，不说空话；坦诚相见，不说假话，这样才能真正化解矛盾。

作为教师，要鼓励学生之间健康交往。交往时，尊重同学，是同学尊重自己的基础。首先，要尊重同学的人格，不要随便给同学起绰号，特别是对于生理有缺陷的同学更要尊重对方。其次，是要尊重同学的意见，当别人讲话或提意见时，要集中精神，认真倾听，理解别人的意思，不要随便插嘴打断别人，更不能凡事自己说了算。低年级小学生不会倾听，要引导他们学会倾听，用眼神示意对方“我在专心听你讲话”，不要打断对方的话，要适时报以肯定的回答。案例中，苏老师应该鼓励同学交往，化解矛盾，并告知学生谦让友善朋友多，要让他们懂得什么样的人讨人喜欢，什么样的人是大家不喜欢的。

案例中，小轩作为班长，搞好同学关系很重要。班主任老师应让他主动地去亲近他人。当他们能够接受同学与他交往时，要给予强化鼓励，并帮助他们主动与同学相处，从与一个同学交往，到与这个同学的朋友交往，逐渐扩大交往范围，让他们走出封闭的自我。教师还可以鼓励他们多参加集体活动，组织活动是最好的人际交往心理辅导模式，可以让孩子在丰富多彩的集体活动中学会合作、学会交往，获得成长。

**案例分享**

### 形影不离的“姐妹花”

四年级二班有一对姐妹花——红红和兰兰，人们在学校的很多角落都能看到她俩的身影，她们可以说是形影不离。班主任沈老师每次布置小组任务时，都会把她俩归在一组，不管什么任务，她俩总能又快又好地完成。

据家长反映，周末，她们还会去彼此的家里过夜，连家长都特别欣慰，自己的女儿在学校找到了如此要好的朋友。

可是最近沈老师却发现有点儿不对劲了。原本活泼开朗的兰兰变得沉默寡言，课上也经常走神。课后沈老师发现，她总是看着红红，而红红则和琪琪玩在一块儿，完全没有感受到兰兰的目光。而小组自由活动时，红红也是全然不顾兰兰，一直和琪琪玩游戏。看着沉默寡言的兰兰，沈老师若有所思。

第二天，沈老师找到红红：“红红，你能告诉老师，你之前和兰兰在课下都玩些什么呀？”红红一口气说了好多。“那你现在疏远兰兰，对吗？”红红的脸噌的一下红了，她没想到老师竟然这么细心，连她疏远兰兰都被看出来了。

见她不说话，沈老师又开口了：“红红，那你能告诉老师为什么你现在不和她玩吗？”红红说：“因为我和琪琪玩得也挺好，她叫我不要和兰兰玩了。”沈老师说：“你已经是五年级的大孩子了，要做一个有主见的人。交什么朋友应该听从自己的内心，而不是别人的意见。”听了老师的一番话后，红红恍然大悟，使劲地点了点头。

为了解决兰兰的心头病，沈老师接着找到了兰兰：“老师看到你最近的变化，真为你担心，真心希望帮助到你。”兰兰看着老师真挚的眼神，总算说出了积在心中已久的话。在听完兰兰的话后，沈老师进一步鼓励说：“兰兰，在与红红交朋友的过程中，你没有犯错，她因为一些原因远离你，是她的问题。老师希望你振作起来，好好学习好好生活，你会交到更多的好朋友。”

兰兰听了沈老师这番话，内心的失落少了很多，没想到刚出办公室就碰到了红红，两人相视一笑，牵着手又玩在了一块儿。

放学前，沈老师悄悄地拉着琪琪的手，意味深长地说：“你和红红兴趣相投，成了好朋友，老师真为你们的友谊高兴！可是如果有一天，她结交了其他朋友，就不跟你玩了，你会伤心吗？”琪琪眨着眼睛看着老师，一声不吭。

“这就是兰兰的感受。我们要学会将心比心，换位思考。你现在觉得，让红红远离兰兰，做得对吗？”琪琪终于绷不住了，泪水止不住地往下流。

原本沈老师还担心兰兰的情绪，没想到孩子就是孩子，没那么多的心眼，灿烂的笑容再次浮现在她的脸庞。在之后的一周时间里，沈老师发现3个小女孩已经成了好朋友，不管是课间还是活动课，3个人总是形影不离。

在下一周的班会课上，沈老师要求同学们说说“我的好朋友”。沈老师首先邀请了琪琪，琪琪先说了红红，又提到了兰兰，并说了她们之间的几件趣事，兰兰和红红都朝她笑了，默契十足。

**解决策略**

## “升级”交往能力

小学生在学校的同伴关系，具有较强的敏感性，在他们的日常学习和生活中占非常重要的地位。学生在学校里与同伴相处得好，会让他们有愉悦、自信等积极情绪；而同伴关系糟糕，会让学生产生自卑、忧郁等消极情绪。因此，班主任要在平时的教学生活中，培养学生与同伴的交往能力，建立良好的同伴关系。

### 一、创立和谐的班级氛围

和谐的班级氛围会让学生身心愉悦，在这样的班级中，学生会相互信任与尊重，有利于同伴之间的互相帮助。

#### （一）有统一的班级目标

一个班集体有统一的目标会让这个班级更有凝聚力，在一个凝聚力强的班级中，学生会更加团结。因为对共同目标的追求，会让学生慢慢形成一致的行为习惯。当学生们通过一起努力，实现班集体的目标时，那种成功的喜悦，会在班级中形成牢固的友谊根基。

#### （二）创建多种沟通渠道

很多学生朋友少，是因为参加的活动少。那么在班级中多开展活动，就能给那些朋友少的学生建立一些交到朋友的渠道。而且，开展活动有利于加强学生之间的感情交流，让彼此之间增进了解。

## 二、树立正确的交往观

要让学生学会跟同伴交往，就得树立起正确的人际交往观。很多学生简单地认为与同伴之间的交往就是拉拉关系，一起玩耍，而且还有比较强的占有欲，觉得同伴交往时跟自己比较好就不能再跟别的同学要好，这是因为小学生对人际交往的认识还不够。

### （一）尊重他人

尊重是人际交往的起点，利用班会、晨会等时间教育学生在与同伴交往时要懂得尊重，既可以帮助他们赢得友谊，也有利于培养学生良好的品行。

### （二）相互信赖

课文《珍珠鸟》中有一句话："信赖，往往创造出美好的境界。"同伴交往中需要信赖，小学生的心理都比较单纯，同伴间的信赖有助于他们保持这样的单纯，能让他们感受到更多的美好。

### （三）学会赞美

班主任在平时的教学生活中要有意地引导学生去发现别人的优点，并且善于将发现的优点表达出来。这会让同伴间的关系变得更加和谐。

## 三、培养学生同伴交往的能力

马克思曾说：人的发展取决于直接和间接进行交往的其他一切人的发展。小学生与同伴的交往能力很大程度上影响着他们的成长，班主任应该培养学生与同伴交往的能力。

### （一）培养宽以待人的美德

宽容地对待同伴，会使同伴间的关系变得融洽；凡事斤斤计较，同伴间的矛盾自然就多。班主任可以在平时的教育教学中渗透相关的品德教育，如课文《谈礼貌》中写到的周总理宽容待人的故事，就能够给学生很好的启发。

### （二）培养主动承担的品质

小学生犯错是很正常的，犯错后的表现可以体现一个人的道德品质，也在很大程度上决定了学生的受欢迎程度。有些学生犯错后推脱责任，最典型的方式就是和同伴有矛盾，在询问原因时总喜欢开口就说："是他先骂（打）我的。"这样往往会给同伴间的交往带来更深的矛盾。因此，班主任要利用班会课时间，组织学生分享自己与同伴间的故事，有了矛盾是怎么解决的，对勇于承认错误，并且积极改正的学生要积极予以表扬肯定，从而培养学生主动承担责任的品质。

（三）培养换位思考的习惯

换位思考，就是站在对方的角度去思考问题。这可以帮助学生更好地体谅他人。很多学生在家长的宠爱下，形成了以自我为中心的意识，只顾自己而不会为他人着想，这样肯定会给同伴带来伤害。学习换位思考，就可以让学生在与同伴交往时降低发生矛盾的概率，从而做到真正的和谐相处。

小学生在与同伴交往时总会遇到各种各样的问题，班主任要注意在平时的教育教学中培养他们的交往能力，形成和谐的同伴关系，这是学生健康成长的保障。

## 问题 6　班主任如何处理与班辅导员之间的任务分配?

班主任是学校安排的负责一个班级学生的思想、学习、健康和生活等工作的教师，所以班主任是有着多重身份的管理者。相比之下，班辅导员是辅助班主任从事学生的思想政治教育、学生日常管理、心理健康等方面工作的教师。可以说，二者的工作是相辅相成的，因此处理好与班辅导员之间的任务分配，形成良性合作十分重要。

**问题情境**

**让人犯难的搭档**

本学期，语文苏老师新接手六年级（1）班，被任命为班主任。与她搭班的是数学老师李老师。李老师是一位有着 30 年教龄的老教师。所以，一开始班主任苏老师十分开心，很高兴能和一位有着这么多年教龄的老师共同管理一个班级，觉得肯定能学到很多管理班级和教育孩子的好方法。但意想不到的是，班主任苏老师却因此有苦难言。

报到前一天，按照《学校德育工作规范》的要求，班主任、班辅导员两人需要合作完成班级卫生。班主任苏老师考虑到班辅导员是位年纪较大、弯腰扫地都不太方便的长者，自己又是新教师，于是主动跟班辅导员提出来，由她一个人完成打扫教室的工作。李老师欣然接受，一个劲地说："谢谢你啊，小苏。"

开学第一周，学校要求各班班主任和班辅导员分工完成班级环境布置。班主任负责九宫格的装饰和五表上墙，班辅导员负责把暑假作业装饰到后面的绒布板报上。第二天，班主任苏老师为了把教室装点得更漂亮，便自掏腰包买了很多装饰材料。她拿了一些材料给班辅导员李老师："李老师，这些材料给你用，你可以贴在绒布板报上，这样做起来又简单又好看。"

可是没想到李老师却这样说："小苏啊，这种活儿我年纪大，做不来，要不你做一下吧。反正你已经准备这么齐全了，再贴一贴、弄一弄吧！"面对老教师这样的要求，苏老师无法拒绝，虽然心里非常不愿意，但还是把这个工作接了下来。

可是这样的帮忙却变成了家常便饭。《学校德育工作规范》上明确规定，班主任负责管理好每天班级的环境卫生，班辅导员负责带领同学们到指定地点放学。当班主任苏老师和班辅导员李老师说起放学这件事情的时候，李老师又用年纪大了腿脚不便为由，让苏老师接下这原本属于班辅导员的工作。苏老师心里万般无奈，却也不知道如何拒绝。

到底要怎么办呢？如果直接拒绝，就会影响两个人的关系，对班级的管理、学生的学习肯定有坏处；但如果不拒绝的话，苏老师就要既当班主任又当班辅导员，兼做两份工作，这对她的日常生活影响很大。随后，苏老师又找李老师沟通，苏老师说："您虽然是前辈，但是许多工作需要我们共同完成，希望您能够完成本职工作。”

李老师一听着急了，说道：“小苏老师，你是年轻人，精力比我足，不像我年纪大了。虽然我是辅导员，但是好在工作量不算多，你多担待一些。”

苏老师思考再三，考虑到自己是个新人，终于还是哑巴吃黄连，答应了下来，但是随后各种工作接踵而至，让她困扰不已。

**情境分析**

## 分工合作力量大

班主任与班辅导分工不同，只有相互配合好，才能使班级各项工作有条不紊地进行。在案例中，不能单纯因苏老师年轻便承担所有工作，这样不仅会使一人的工作量大大增加，且效果也会大打折扣。面对这种情况，苏老师可到科教处协商，交换班辅导员和班主任的部分工作内容。如果李老师腿脚确实不太方便，那么可由她来管理班级卫生而自己带学生放学。面对老教师，新老师肯定要多辛苦一点，毕竟尊老是我们中华民族的传统美德。作为新教师，我们肯定不能冲撞前辈，但是合理的要求也是要提出的，毕竟工作的时候大家都是平等的。

从案例中，我们可以看到辅导员与班主任的角色定位模糊，主体责任意识不强，偶尔会出现工作缺位的情况。班主任大部分是专任教师，平时忙于繁重的教科研任务，除指导学生日常教育学习等，不能及时接收学生工作相关的任务通知，落实工作任务较为滞后。辅导员负责的工作内容繁杂，有时无暇顾及班主任工作落实情况，导致管理整体工作效率不高。基于此，辅导员和班主任要明确认识到学生管理工作的整体性和系统性，在班级管理的过程中只有相互理解，相互支持和配合，才能更好地完成各项工作任务。辅导员的主要职责是协助、指导班主任，这意味着辅导员协助、指导班主任开展工作也涉及学生管理的各方面。在实际开展工作时，这给辅导员和班主任的工作互动、协作带来很大的挑战。面对案例中的情况，需要进一步明确班主任和辅导员的工作职责，使辅导员不再过多地参与班级事务工作，使其有更多的时间和精力研究、学习上级政策文件，提升自身职业能力，更好地指导班主任开展工作，同时班主任在班级管理中也应充分享有自主权，可大大提高管理工作的效率。

**案例分享**

## 优势互补 相得益彰

苏老师刚踏上工作岗位，就被任命为六年级的班主任。没有任何经验的她，开学的时候手忙脚乱。不过幸运的是，学校为每个班级配了一位班辅导员。苏老师的班辅导员是一位教龄较长的老教师梅老师。刚开学的一段时间里，梅老师给了苏老师很多宝贵的实用建议，为了表示感谢，开学时候的班级卫生工作苏老师就主动提出由自己一个人完成。开学第一周，学校要求班主任和班辅导员进行班级环境布置，梅老师说："小苏，这种活儿我年纪大做不来，也辛苦你做一下吧。"小苏老师很苦恼，自己对于班级环境布置并不是特别了解，刚开学事情又特别多，自己一个人做的话根本忙不过来。

苏老师首先反省了下，新老师初到学校，要学习的地方很多，应该积极付出。作为新老师要真正学到东西，必须多做、多学、多付出，更何况梅老师之前帮助自己很多，现在这种抱怨的心态不可取。调整完心态之后，苏老师仔细研究了学校发下来的《学校德育工作规范》，了解到班级环境布置共分为 4 个部分，其中班主任负责的是班级公告栏、九宫格和橱柜，而班辅导员负责的是后面的绒布板报布置。苏老师研究完具体分工和环境布置标准之后，上网搜索了开学绒布板报的布置案例，并且保存了几种比较适合的绒布板报图片。准备好这些绒布板报、表格等所需的材料之后，苏老师去找梅老师："梅老师，因为我今年刚做班主任，不清楚班级布置的具体要求，还需要您帮忙指导下。当然，作为新老师，环境布置里面这种爬高的体力活儿还是由我来做，麻烦您和我一起去看看具体怎么放比较好，帮我现场指导下吧。"梅老师听完之后笑了，说："哎呀，你们年轻人想法多，我也就是给你把把关，防止学校的有些要求你不了解。"两人开心地走向教室，讨论商量具体的布置方案。此次合作之后，班级的环境布置顺利完成，在年级评比中获得了一等奖。

第二天，苏老师邀请梅老师一起去食堂吃饭，并且请梅老师喝了杯奶茶。两人闲聊的时候，苏老师说："这次的环境布置我们班获得了学校的肯定，多亏了梅老师宝贵的意见和指导啊。""哪里，哪里，我这是熟能生巧，对学校要求比较了解。""梅老师，你这太谦虚了，我需要从您这儿学的东西太多了。以后您工作的时候，我就在后面学着，需要我来做体力活儿的地方，梅老师您尽管开口，就当是我的学费了，哈哈。也请您对我这班主任的工作多多配合，如果有什么做得不到位的地方，麻烦梅老师多和我沟通，多提醒提醒我哈。"梅老师听完之后开心地笑了："以后有问题的地方可以来问我，新老师刚来肯定有不太懂的地方。"自此之后，苏老师和梅老师在班级管理上密切沟通，相得益彰，班级管理取得了良好的效果。

**解决策略**

## 合作的温度

苏霍姆林斯基说："任何一个教师都不可能是一切优点的全面体现者，每一位教师都有他的优点，有别人所不具备的长处，能够在精神生活的某一领域里比别人更突出，更完善地表现自己，这一点正是每一位教师对于教育学生的复杂过程所做的个人的贡献。"班主任如果仅凭自己的力量管理班级，取得的成效往往有限。因此，班主任要寻求各方面的力量配合，才能真正管理好班级。这些力量当中，班辅导员的力量就是关键的一份。如果年轻的班主任遇到了不愿意配合管理班级的班辅导员，该怎么办呢？

### 一、积极沟通，相互欣赏

沟通不仅是一种手段，更是一种技巧。遇到把班级工作全都抛给班主任的年长班辅导员，我们要做的不是抱怨，而是态度真诚地主动沟通，学习对方管理班级的方法；同时，拉近彼此距离，增进感情，为合作管理班级打好基础。

（一）虚心请教

"家有一老，如有一宝"，遇到一位年长的班辅导员搭档，年轻班主任要感到幸运，因为他有丰富的教育经验和完备的知识体系，不仅对班级管理有帮助，而且对年轻班主任的成长有利。班级管理遇到问题，虚心向老教师请教可以少走很多弯路，往往有事半功倍的效果。在请教的过程中还能加深相互间的了解，增进感情。

（二）认真倾听

倾听是一种了解别人的方式，更是一种与人交往的智慧。年轻的班主任在与年长的班辅导员沟通时认真倾听，代表的是尊重，是给予对方的最好赞美，会更容易赢得对方的信任。有了相互尊重和信任，就能得到对方的帮助。

（三）及时反馈

及时反馈，才能让沟通变得真正有效。认真地倾听了年长的班辅导员对你的指导和建议，你有没有接受和采纳？效果如何？可以及时告知对方。如“用了今天你教我的办法，咱们班早读课的纪律果然改善了”“太感谢了，你教我的这招儿对那几个调皮蛋太管用了”……这样的反馈，可以让对方感受到被重视，对方自然更愿意配合你的工作。

**二、精诚合作，共同管理**

目前，学校对于班主任和班辅导员的工作都有明确的分工，班主任该做什么，班辅导员该做什么都比较清楚。不过尺有所短，寸有所长，每人都有自己的长处和缺点。对于年长一些的班辅导员来说，一些偏于体力或者信息技术的任务他们并不擅长，这个时候就需要年轻的班主任提供一些帮助。而年轻的班主任则教育经验不足，需要年长的班辅导员指导。

（一）发挥年轻班主任的勤学肯干

年长的班辅导员在有些方面确实不擅长，这个时候年轻的班主任就应发挥自己年轻人的优势，主动提供帮助。就拿现在的班级群来说，需要处理照片、编辑文字，要具备一定的电脑操作技能，对年长一些的教师会有一定的难度。这时候，年轻班主任可以主动提供帮助，以提高班辅导员的工作效率。当然，帮助并不是包揽，在帮助班辅导员的同时，也要把一些技巧教给对方，这样的互相帮助、交流，可以促进两人相互了解，让年长的班辅导员感受到年轻人的热情，使其更愿意跟你合作。

（二）拉着年长的班辅导员出谋划策

年长的班辅导员的教育教学经验是优势，班级里的很多事情他们都经历过。也许由于一些原因，有时他们不愿意参与班级管理。这个时候，年轻班主任可以先从让班辅导员出谋划策开始。比如要制定班级公约了，可以让班辅导员把把关，看看有没有错误或者需要做什么补充；要选班干部，把名单拿给班辅导员，让他看看这些学生需要哪些指导……这些方式都是在让班辅导员参与班级管理。

协调好班主任与班辅导员的关系，充分调动班辅导员参与班级管理的积极性，形成教育合力，才能使学生健康、快乐地成长。

# 第七章 突发事件的应对与处理

校园突发事件会严重影响教师和学生的学习和生活，给班主任的工作带来困扰，给学生的学习和生活带来影响。校园突发事件有四大特点。一是偶发性。这些突发事件是偶然发生的，并没有事先安排，是在某种条件的催化下突然爆发的。二是突发性。突发事件是突然发生的，谁也无法预知，所以突发事件一旦发生，造成的伤害有时也是非常严重的。三是紧迫性。因为突发事件的偶发性和突发性，一旦发生严重的伤害事故就必须客观冷静地第一时间做出判断，这个时候必须争分夺秒，不能浪费时间。四是严重性。突发事件一旦发生，就有其严重的破坏性，这里的破坏并不是指物件上的破坏，相比于学生的身心，物件的损坏不值得一提。突发事件轻则使学生的身体受到一定伤害，经过医治学生能够康复和痊愈；重则对学生身体造成严重的损伤，给学生的心灵造成难以恢复的伤害，给学生造成一辈子的伤痛。正因为突发事件有其突发性和紧迫性，所以需要老师在第一时间介入和处理，否则容易造成不可挽回的伤害和损失。

## 问题 1 上课时的生生冲突如何处理？

学生在日常交往中，往往会因为某些小事产生摩擦或者纠纷，造成同学间关系紧张，加之现在的父母常常会过度保护孩子，个别家长不能对孩子进行正确的引导，因此许多孩子以个人为中心，常因一些小事和同学发生矛盾。如果这些矛盾在课堂上爆发，不仅课堂教学会中断，而且会对其他同学造成很多不利的影响。

**问题情境**

## 课堂上的鸡飞狗跳

苏老师今年带毕业班，别看班级的孩子都人高马大的，但一个个都不让苏老师省心，这是她带的第一个毕业班，她想着一定要带好这个班。

从早上 7:30 进班到现在，已经忙碌了两个小时了，苏老师此刻抱着一堆作业本回到办公室，她捶了捶酸痛的肩膀，给自己倒了一杯水坐下来批改作业。昨天的家庭作业错得一塌糊涂，苏老师生气地摇了摇头，这帮小家伙什么时候能让自己省心呢？正想着，苏老师看到窗口闪过班长奔跑的身影，然后办公室的门被打开了，班长气喘吁吁地说着："苏老师，苏老师，你……你快去教室，数学……数学老师叫你赶紧去。"看着班长着急的样子，苏老师连忙拉着班长回教室，边走边问班长发生了什么事情。班长摇了摇头，说："老师，我也不是很清楚，只知道小艾哭了，数学老师没法上课了，就让我来找你。"小艾是他们班一个比较内敛的女孩子，平时不大轻易表现出自己的情绪，今天怎么了？苏老师赶紧往教室跑去。

走进教室，小艾还在哭，只见她后面的男同学小松傻呆呆地站着，书本、文具都掉在了地上。小松看到老师看着他，怯生生地说："老师，我就拉了一下小艾的辫子，她就把我的书本、文具都扔到地上了，还哭了。"整个教室闹哄哄的，数学课也没法上了，看着数学老师紧皱的眉头，苏老师只好把小艾带出来，让数学老师继续上课。

回到办公室后，苏老师让小艾坐在自己旁边，倒了一杯水让她喝，以缓和她的情绪，然后让她慢慢讲述具体情况。这个平时文静的女孩子肯定遭受了很大的委屈才会这样。小艾告诉苏老师，小松已经不止一次拉她的辫子了，以前很多课上都拉过她的辫子，她都忍了。今天数学课上，小松趁着数学老师在黑板上写解题步骤时，又拉她辫子，还拉了好多次。前几次小艾都忍了下来，最后一次，小松拉断了她几根头发，小艾感到很疼就转过去瞪了小松一眼，谁知正好被数学老师看见，数学老师看着小艾提醒大家上课要认真听讲。小艾越想越委屈，又想着以前小松的所作所为，非常生气，忍不住心中的怒火就把小松桌子上的东西都扔了。小艾表示，不想坐在小松前面了，要换座位。苏老师该怎么办呢？

**情境分析**

## 生生冲突的小秘密

生生冲突在小学阶段基本上每个班每天都会发生，学生之间的小矛盾小冲突有的很容易解决，只要老师稍加教育引导即可，但有的冲突比较严重，就会影响学生的学习，特别是课堂上的生生冲突，不仅会影响涉事双方，更会影响班级里的每一个学生，导致老师无法正常上课，浪费教育资源。以上案例就是发生在课堂上，由一名男生拉扯女生的辫子引发的，究其原因有以下3点：

### 一、青春期男孩的小捣蛋

六年级的孩子已经进入了青春期，青春期的孩子相对于小学其他年级的学生来说，还是有很大变化的，其中一个与本案例有关的变化就是“钟情”。这里所说的“钟情”，并不是“一见钟情”，也就是说，还不能把它完全理解为性的欲念。这里指的是对女生的注意力逐渐增多，越来越喜欢与异性交往。由于钟情心理的促使，孩子愿意和自己钟情的异性接触，于是就产生了需要引起女生注意的心理和行为。它表现为开始注意修饰自己的仪表，讲究发型、服装等，开始注意倾听、理解、揣摩钟情的异性的言谈、举止和情绪，总想为她做点什么。但有时为了引起异性的注意，也会做出一些小捣蛋的行为举动，比如总是有意打扰女生，调侃、“打”（并不是真正意义上的打，只是一种为了引起女生注意的行为）女生……像本案例中的小松同学，就想去拉小艾同学的头发，这也是青春期男孩心理的一种表现。

## 二、老师缺少发现

作为一个六年级的班主任，应该特别注意青春期学生的年龄特征，多关注学生的一些行为，帮助孩子们顺利度过青春期。老师要多多观察，善于发现学生之间存在的问题以避免一些不必要的事情发生。就像本案例中的情况，其实这个男生拉扯女生辫子已经不是一次、两次了，而是多次，最后导致女生忍无可忍。作为班主任和任课老师，苏老师和学生接触的时间应该是最多的，但还是没有发现这个问题。同时，这也说明了老师在班级中没有做好与学生的沟通工作，这种问题其实除了当事人，应该还会有其他同学知道，但是这些同学也没有将这件事情告知苏老师，说明苏老师在平时管理班级时，并没有注意这方面的内容。这时班主任应使小干部明确自身的责任，教导其将班级中潜在的不良事件及时告知自己。

## 三、课堂常规的欠缺

对六年级的学生而言，课堂纪律应该不是老师重点训练的项目了，但是课堂上这个男生多次拉扯女生的辫子，说明班级的常规管理还存在着很大的问题。六年级学生课上的专注力在整个小学阶段应该是最强的，行为习惯也应该是最好的。但是反观这个班，拉辫子的事情屡次发生，且没有被老师发现，说明班主任在课堂纪律的管理上要多下功夫。

**案例分享**

### 让课堂不再有冲突

一年级的孩子天真、可爱，跟他们聊天，你总会被他们的单纯和美好而感动，这是令人愉悦的一方面。但很多时候，一旦正儿八经地上课了，你就会发现他们之前的表现好多都是假象，上课需要老师们不断强调课堂纪律，教常规、练常规，一节课下来非常疲乏。

我踏着铃声走进教室，发现孩子们都在课前管理员的带领下诵读古诗等待老师的到来，一切看上去都很和谐、美好。今天的课也上得特别顺利，大半节课孩子们掌握得非常好，而且我也没有过多地强调纪律，同学们都遵守得很好。最后一个环节，我教了两个比较难写的字给他们，我在黑板上范写后就由学生自己在习字册上练习。为了让同学们更好地掌握这两个字的写法，我在教室里边巡视边指导。

突然，教室角落里传来不断抽泣的声音，我循着声音走过去发现是女生小石在偷偷地哭。我连忙走过去，摸了摸小石的头，轻轻地问："孩子，发生什么事啦？怎么这么伤心呢？"小石伤心地跟我说，同桌小林总是丢三落四的，不是忘带铅笔，就是忘带尺子。今天他又忘带橡皮了。刚才练字的时候，小林写错了，没经过小石的同意就拿了她的橡皮。小石习惯了他，也没吭声。后来小石自己要用橡皮了，她准备伸手去拿的时候，小林反手打了小石一下，还说自己没用完，不能够还给小石。小石很生气，也在小林的手上打了一下，谁知小林却把橡皮扔了，现在橡皮找不到了，所以小石就哭了起来。我看了小林一眼，问小林有没有这回事，小林点了点头。因为课还没有结束，我想不能影响其他同学上课，于是从讲台上拿了两块橡皮借给小石和小林，让他们先完成课堂习字任务，下课再处理这件事情。

下课了，我先找来小林谈话，让他意识到自己的错误以及错在哪里，再引导小林接下来怎么做来弥补自己的过失，同时我也告诉小林不做马大哈，不能再做丢三落四的小朋友了，小林认真地点了点头。随后，小林在我的引导下，首先去寻找被自己扔掉的小石的橡皮，然后拿着橡皮去跟小石道歉并把橡皮还给了小石，同时小林也保证以后不再随意拿小石的东西了，小石也开心地接受了小林的道歉。我又把小石叫到了办公室，跟小石说："老师知道你是一个好孩子，很替他人着想，每次小林不带文具都是用你的。但是，以后遇到这种事情一定要第一时间告诉老师，特别是小林总是丢三落四，这是一个非常不好的习惯，如果你总是帮着他，他永远也改不了这个坏习惯。"小石听了我的话，懂事地点了点头。最后，小石和小林握手言和。一块橡皮引发的风波虽然不大，但是也引起了我们很多思考，孩子们能和谐与人相处，遇到问题寻求老师的帮助，就能避免很多冲突。

## 问题 2　上课时的师生冲突如何处理？

在课堂上，并不是所有学生都能安安静静地学习、安安静静地听老师讲课，总有部分学生会违反课堂纪律，而且往往提醒这些学生一次、两次都没有效果，还导致个别学生情绪不佳，任课老师心情不好，严重的会造成老师和学生之间的冲突。有些老师可能会情绪失控，让学生罚抄课文，引起学生强烈的不满；有些老师可能会让学生站到教室后面去，学生自我保护意识比较强，不愿意站，老师碍于师者尊严，强拉学生站到后面去，导致学生的强烈反抗。个别学生与老师的课堂冲突不容忽视，否则引起的后果不堪设想，不仅使学生在身体、心理上受到伤害，而且还会严重影响老师的工作状态。

### 问题情境

**课堂“保卫战”**

苏老师今年带毕业班，这节是苏老师的课，课已经上了一会儿了，可是坐在最后一排的小墨同学又开始和同桌嘀咕着什么，其间还不时看看苏老师，好像故意挑衅似的，他这样已经不是一次、两次了。气愤之余，苏老师来到他的面前，大吼道：“说你多少次了，还是记不住！立刻把桌子搬到第一排。”小墨同学一听，立马收起笑容，阴沉着脸，慢腾腾地站起来，大声说道：“我不去！我就不去！”说着还用余光瞟着苏老师。苏老师被他这异乎寻常的反应激怒了，于是把声调提高了，用命令的语气大声嚷道：“你必须去！”学生们感受到了事态的严重性，纷纷注视着小墨同学。那一刻，教室里静得让人窒息。旁边的同学有点害怕，赶紧推推他，说：“快点搬过去吧，我来帮你！”可是，小墨同学仍然纹丝不动，还用脚抵着桌子。时间一分一秒地过去了，他一直盯着苏老师，丝毫没有执行“命令”的打算！

见他如此执拗，苏老师心想：平时嬉皮笑脸的小墨同学今天是怎么了？我的语气是不是太重了？还是他有什么不开心的事？如果我强硬地把他的座位搬到前面，又会如何呢？他肯定依然不会服气，甚至还可能失去对我的尊重与信任。于是，心潮澎湃的苏老师努力克制住怒火，调整好心态，深呼一口气，走上讲台，微笑着说："小墨同学，你今天是怎么了？这不是平常的你，这里面肯定有什么原因。我们先上课，回头我们单独聊。"这时，学生们都长舒一口气。

下课后，苏老师先找到小墨同学的几个好朋友了解情况，得知小墨同学其实对苏老师早有意见，这一次是集中爆发出来的。一次是因为他在走廊和同学打闹，苏老师没给他留面子，当着大家的面呵斥了他；另一次是因为他书写不认真，苏老师在班里训斥他"光长得帅有什么用，写字那样难看"，这些话强烈地刺激了小墨同学的自尊心。他认为苏老师不喜欢他，看他不顺眼，于是压抑很久的抵触情绪终于爆发了出来。

面对小墨同学，苏老师陷入了沉思，她该如何做才能重新取得小墨同学的信任呢？

**情境分析**

## 师生冲突为哪般

课堂上的师生冲突主要发生在小学高年级，高年级的学生已经有了一定的独立自主能力且自尊心强，课堂上老师的一些言语对于低年级学生来说可能没什么，但是对于高年级的学生来说可能无法接受，于是就产生了和老师对立的情绪。案例中呈现的情境是明显的师生冲突，究其原因，有以下两点：

### 一、教育方式不恰当

此次师生冲突主要发生在苏老师的课上，苏老师发现上课一段时间后，坐在最后一排的小墨同学和同桌嘀咕着什么，而且其间还时不时地看看苏老师，不止一两次，苏老师觉得小墨同学是在向自己挑衅。遇到这种情况时，苏老师怒火冲天，立马命令小墨同学把桌子搬到前面去听课，可是小墨同学不同意，事态就这样僵持着，好在后来苏老师静下心来自我反省，没有造成更加严重的后果。其实，课堂上的冲突有时是可以避免的，苏老师看到小墨同学和同桌在窃窃私语，可以走到他们旁边轻轻地给予提醒，可能两个同学就安静下来了。现在这样，在全班面前批评指责小墨同学并给予处罚，对六年级的学生来说，会使他们的自尊心受损，会觉得脸上无光，自然不会配合老师的处罚要求。

其次，苏老师因这件事情，停止了自己的教学，专门准备处理这件事情，对于其他同学来说也是不公平的。任何时候都不能剥夺学生受教育的权利，所以苏老师在处理师生矛盾方面的做法是不周全的。

**二、教育场合不恰当**

对于如何教育高年级的学生，场合比较重要。苏老师的这次教育在教室里直白地进行，所有同学都看得到、听得到，青春期的孩子觉得自己的自尊心受挫，反抗心理就强。此外，课后苏老师跟小墨同学的几个好朋友进行沟通，我们了解到苏老师之前也有过两次在公众场合、学生比较多的地方对小墨同学进行批评，一次是在走廊上，除了自己班级的同学，走廊上路过的其他班级的同学也看见了；另一次是在教室里，当着全班同学的面。两次批评教育是应该的，确实是小墨同学有做得不好的地方，但问题在于批评的场合不合适，若是苏老师把小墨同学单独叫到办公室或者人不多的地方进行教育，相信孩子是能够感受到老师的苦心的。现在却导致孩子和老师的矛盾加剧，这是在不恰当的场合进行批评教育引起的。

**案例分享**

## 换位的美好

这节课是英语小王老师的课，我路过班级后门的时候，突然听到小王老师高声说了一句："今天你必须给我抄 100 遍，否则就不要进班上我的课。""凭什么？这个单词我已经会了，为什么还要抄 100 遍呢？我不服气。""之前默写我就跟你们说过，这个单词是重点单词，我肯定要默写的，错了就要抄 100 遍。我已经提醒得这么明确了，你还要错，显然是没把我说的话放在心上。"只听见一个非常倔强的声音："我就是不抄。""你……"小王老师气得身体都抖了起来。再这样下去对谁都不好，我赶紧跑进教室。

此时，我已经大致了解了事情的经过，我先对小王老师说："王老师，我先把小陈带走，不能耽误你工作，你先给孩子们上课吧！"又对刚才和小王老师起冲突的小陈温和地说："来！你跟老师一起去办公室吧！"于是，我把小陈带走了，让小王老师给孩子们继续上课。

到了办公室，我让小陈坐在我旁边的凳子上，给他递过去一块巧克力："听说吃了巧克力，心情会变好，吃一块吧！"小陈以为我会批评他，一时间有些不知所措。我把巧克力的包装纸拆掉给他递了过去。小陈吃着巧克力，眼圈有点红红的："老师，刚才的那个单词我其实是对的，只不过没擦干净看上去多了一个i。""那你跟王老师说了吗？""没有。"于是，我语重心长地对小陈说："小陈，换位思考一下，如果你是王老师，在当时的情况下会怎么做？事先已经说过要抄写的，后来又不让你抄的话，老师的话以后还有学生会听吗？"小陈点了点头，我继续说道："遇到这种事情，你可以跟王老师讲清楚，我相信王老师也会理解，并且让你以后记得擦干净，对吧？"小陈又点了点头。"你知道吗？其实王老师很多次都在我面前表扬你学习英语很有悟性，每次练习进步都很大。这次真的是爱之深责之切呀！"小陈红着脸说："老师，我当时应该擦干净的，这样王老师就不会这么生气了，她之前也总跟我们说错了要擦干净的。"这时，下课铃响了，小陈说要去跟王老师说明情况并且道歉。

中午休息的时候，我找到王老师，跟她说了我和小陈的谈话情况，提到换位的时候她也不好意思地说："确实六年级的孩子这么大了，当着全班的面这样批评他，我也欠缺考虑。后来他来跟我说明情况并且道歉，那抄写的事情也就算了。"后来，我还跟王老师说了："抄100遍是变相体罚，教育红线我们可不能触碰呀！"王老师对我的提醒表示感谢。

事情圆满地处理了，后来小陈还成了王老师的英语课代表，成绩突飞猛进。

## 解决策略

### 师生和谐场

小学中高年级的学生，自我意识正在慢慢增强，但是心理却依然不够成熟，在这种自身情况的作用下，他们极容易冲动，与教师产生分歧。当冲突发生时，班主任要采取有效措施，将负面影响降到最低。

## 一、分离人物，控制事态

当师生间发生冲突时，班主任要马上进行人物分离。冲突既已发生，双方的情绪都很激动，人的情绪就像岩浆一样，一发不可收拾。所以，班主任要第一时间将矛盾双方进行人物分离。因为在上课时间，没有人能够剥夺其他同学上课的权利，班主任此时可以稍微安抚一下老师的情绪，然后将老师留在教室里上课，将涉事的学生带离，如果不将他带离的话，老师便无法进行正常的课堂教学。班主任可以将学生带至自己的办公室，如果办公室不太方便，可以带到一个无人的教室，以进行接下来的师生沟通。

## 二、安抚情绪，了解原因

当班主任和学生到了一个安静的环境，不要因为刚才学生和老师的冲突而对学生大加指责，学生现在也处于一个情绪的波动期，要先安抚学生的情绪，要让学生认为你是可以诉说的对象，这样才有利于下一步的沟通。随后，班主任要耐心地引导学生客观地说出刚才发生的事情的过程和原委。当学生说得不是很充分的时候，班主任可以适当追问，但是必须客观公正，不带任何感情偏私。

## 三、动之以情，晓之以理

当班主任了解事情原委之后，也要对学生进行一些思想工作。毕竟每一个老师都不会无缘无故地跟孩子发生冲突，任何老师的初衷都是好的，出发点都是为了学生，这份苦心要让学生明白。同时，可以引导学生换位思考，讲讲和这位老师之间的故事来唤起学生心中的那份愧疚感。在交谈中，学生也会慢慢转变情绪，大部分学生也会因为刚才的不当行为愿意主动向老师承认错误。

## 四、真诚交流，和谐相处

在进行完与学生的沟通后，我们也要与和学生起冲突的老师进行一下沟通。同事间的沟通要在同级别的基础上，不要觉得可能过失方在老师就用高高在上或命令的语气去沟通，这样不利于事情的解决，反而会让同事间关系也变得紧张。我们可以从闲谈入手，慢慢进入发生的事件，然后一起商讨处理这些问题的策略。同时，对于一些触碰教育红线的行为要委婉地指出，比如让学生罚抄、让学生过长时间的罚站……这些行为是属于体罚或者变相体罚的错误行为，要引起老师们重视。相信有了这样一次深入的沟通后，老师们会控制住自己的情绪，协调好和学生之间的关系。

## 问题 3　课间的突发意外伤害事件如何处理?

学生在校的突发事件最多的还是意外伤害事故，以课间的意外伤害事故居多。下课了，老师们离开教室，学生释放天性，在走廊里奔跑、在教室里追逐的情况屡见不鲜，从而也引发了很多意外伤害事故。班主任要清楚地知道事前的安全教育很重要，一旦遇到意外伤害事故，要沉着冷静，迅速做出判断，要联系家长、了解原因，还要妥善处理遗留问题。

### 问题情境

**课间的流血事件**

苏老师今年带二年级的班，学生上课能遵守课堂纪律，个个活泼可爱，就是下课的时候闹腾了点儿，不是这个撞了那个一下，就是几个同学在走廊上肆意奔跑。课间值日班长总是来给苏老师打报告，苏老师觉得这是学生的天性，玩玩闹闹很正常，只要不出什么大事就行，虽然苏老师在班级里也强调过课间纪律的问题，但是后期也没有特别关注过。

今天下课铃一响，苏老师就回到办公室，匆匆喝了一口水，准备去听课。突然，课间值日班长冲进办公室："老师，你快去走廊看看吧！出事情了，都是血……"一听到"血"这个字，苏老师心"砰"地一跳。她赶紧跑到走廊，发现自己班的小君同学坐在走廊的地上哭，满嘴都是血，一旁站着小琛同学，只见小琛同学呆呆地站在那里，显然吓坏了。旁边围了一圈同学，有的同学关切地问小君同学怎么样了，有的同学幸灾乐祸地在旁边指责小琛。苏老师连忙跑到人群中，有同学起哄："老师来了，老师来了，小琛你完蛋了。"看到苏老师的小琛哇地哭出了声音，害怕地说："老师，我们在一起玩，我不知道这是怎么回事，呜呜……"

小君同学嘴里的血汩汩地往外流，小琛同学的哭声越来越大。入职以来，苏老师是第一次碰到班级里的流血事件，慌乱极了，也从来没有处理过这样的学生受伤事件。面对这种情况，苏老师该怎么办？

**情境分析**

## 护航课间安全

课间的意外伤害事故在整个校园伤害事故中占比是最大的，小学生比较活泼好动，一下课就喜欢跑来跑去，又缺乏自我保护的能力，埋下了很大的安全隐患。案例中的同学就是因为奔跑造成了伤害事故，引发了流血事件。其实这种不必要的伤害事件是可以避免的，究其原因有以下 3 点：

### 一、老师对安全的重视程度不高

老师对安全教育的重视程度决定了班级学生对安全问题是否重视，老师时刻把安全放在第一的位置，时时在学生的耳边敲响安全的警钟，学生也会潜移默化地了解安全的重要性，可以有效地避免一些伤害事件的发生。案例中的苏老师对于学生安全重视程度不高，学生课间秩序混乱，随意跑来跑去，不做安全的游戏……这些事情，苏老师并不是特别放在心上，他觉得这是孩子的天性，玩玩闹闹很正常，只要不出什么事情就可以了。不出什么事情固然是好，而一旦有什么事情则追悔莫及，是再怎么弥补都弥补不了的。我们要将一切安全隐患扼杀在摇篮里，确保孩子在校期间的安全。

### 二、学生的课间安全意识也不高

不断提高学生的安全意识也非常重要，学生安全意识低，也是造成校园安全事故频发的原因之一。学校教育设施不断完善，教学质量不断提高，但是校园安全问题确实是一个令人揪心的话题，据不完全统计，全国每年约有 4000

万名中小学生遭受各类伤害，全国每天约有一个教学班的学生非正常死亡，很大一部分原因是学生缺乏安全意识。二年级的孩子自我保护能力低，安全意识不强，所以导致发生了课间因为吵闹而受伤害的事件。

**三、老师处理突发事件的能力不强**

遇到任何问题，班主任都应该沉着冷静地应对，帮助孩子处理好一切安全事故。作为一名班主任，苏老师的业务能力显然是不强的，当看到班级里的同学遭到意外伤害，满口是血的时候不知道如何处理。是送校医室，送医院，还是怎样？苏老师蒙了，不知道该怎么办。其实遭遇这样的流血事件，要赶紧判断出血的原因，如果仅是嘴巴受伤可以先去医务室处理；如果问题比较大，应该马上送医院，并在送医的途中联系学生家长。这一系列的操作步骤，班主任要熟记于心，只有熟记于心，再碰到类似问题的时候才能冷静、正确地进行处理。

**案例分享**

## “门牙”事件

活泼的一年级孩子们，并不习惯从早到晚的“板凳”生活，体育课自然成了他们释放天性的好机会。虽然每天都在对他们咆哮着“不要跑、慢一点”，但意外还是不可避免地发生了。

一天，语文课下课，伴随我的一声“解散！”孩子们一如既往地急匆匆出了教室，往操场方向跑去。可我刚走到办公室，就有几个学生叫着喊着：“老师，有人摔倒了！”“老师，有人牙齿出血了！”“老师……”看着他们着急的表情，我也慌了，立马和他们一起赶到出事地点，只见小阳同学坐在地上，满嘴是血，号啕大哭。强压住慌乱的心情，我立即查看小阳的牙齿情况，但他满嘴是血，根本无法看清楚口腔内的伤势。于是，我立马将他带到了医务室，并安慰着他，让他不要太害怕。

在医务室老师给小阳查看伤口的时候，我将此事件的相关人员喊了过来，了解了当时的情况：原来在小阳和小凯跑出去上体育课的时候，两人不小心撞到了一起，虽一起撞倒在地，但小凯并未受伤，而小阳嘴唇磕在了地上。我朝小凯看去，小凯始终没有讲话，只是一个劲地抽泣着，问他问题，他也因为哭而断断续续地说不清楚。为了明确事件的真相，我只能让小凯去洗把脸冷静一下再说。

医务室的老师做了及时处理后，对我说："他的嘴唇破了一点儿，门牙磕掉了一个角。""要是没换牙，还能长出来！要是已经换过了，不就长不出来了嘛，那可糟糕了。"这样想着，我立马又问了问小阳，小阳说门牙没有换过，我心中的担忧顿时缓解了一些。小凯洗脸回来，停止了哭泣，将事情的原委又说了一遍，事实确是如此。

了解了事情的真相后，我立马通知了小阳和小凯的父母，和他们说清了事件的始末，询问他们是否愿意来学校一趟。小阳和小凯的家长表示立马过来。在等待家长的过程中，我对小阳和小凯进行了安全教育，让他们明白了自己的错误以及带来的严重后果。小阳的妈妈先赶了过来，查看了小阳的伤势，我告知她小阳的伤口已经在医务室处理过，询问她是否需要带小阳去医院进行检查，小阳妈妈表示不需要，这颗门牙原本也有些松动，是换牙的时候了。正在这时，小凯的妈妈也赶来了，我与她又说了一遍事情的经过，了解之后，家长们也没有相互为难，互相道歉和平解决了此事。

第二天，就此事我专门开展了校园安全教育。不同以往的是，这次我是以牙齿作为切入点，让孩子们了解了牙齿的相关知识。我告诉他们：你们的乳牙会逐渐脱落被恒牙所替代，恒牙是继乳牙脱落后的第二副牙齿，若因疾患或意外损伤而致脱落后再无牙替代，这样的话，你们就没有牙齿了。通过 PPT 的图片展示和我的讲解，再加上昨日事件的刺激，同学们似乎意识到了事情的严重性，开始明白随意奔跑确实会造成严重的、无法挽回的后果。

经过这次的事件和安全教育，我相信他们能够更好地约束自己的言行，更加注重自身的安全！

## 解决策略

### 课间意外巧应对

作为班主任在处理学生校内意外伤害事件时，应该抓好以下 4 个环节：

**一、尽早发现，及时治疗**

学生在校内发生意外事故后，我们千万不能麻痹大意，不管大伤小伤都要高度警惕、高度负责，尽早发现受伤情况，尽快送往医院治疗或者联系家长。如果是重大伤害事故，那么班主任要随时关注，以便及时了解救治情况。这既关系到救治效果，也关系到日后对事件的处理。

**二、通知家长，报告上级**

学生在校出现意外事故，在救治的同时，我们首先要尽快通知家长，千万不能隐瞒事实或者迟迟不告知家长。如果是学生之间引起的伤害事故，那么当事人的家长都应该立即通知到，在通知家长时要注意通知的方式，要考虑家长的心理承受能力，以便让家长有一个逐渐适应的过程。其次，学生在校发生意外事故，班主任要立即向学校领导或者主管领导汇报，取得上级部门的支持和指导，运用集体的力量来研究如何妥善处理事故。

**三、保护现场，配合调查**

在校学生发生意外事故后，班主任在保证救治的前提下，要尽可能完整地保护好现场，千万不能不经意间破坏现场。在妥善处理事故之前，不能对事故乱评议、乱表态、乱承诺，以免对家长、社会公众产生误导而给公正合理的处理带来不必要的麻烦。

**四、各方协调，防止新伤**

在校学生出现意外伤害事故时，无论是谁都无法保持冷静，家长情绪激动，“动手动脚”都有可能，更有甚者会产生“报复性”行为。因此在现场处理事故的班主任老师，一定要保护好与事故有关的师生，必要时可以请求学校保安或者公安部门进行保护，以免家长失去理智引发新的伤害事故。

## 问题 4　家长和老师间的冲突如何处理？

学生的健康发展，需要教师和家长的密切配合和共同教育。教师和家长的教育目标是否一致的，双方合作是否融洽，关键在于沟通和交流。遵循教育的规律，家长就会成为老师教育上的得力助手和好朋友。但有些时候，由于老师和家长价值观不同，看待事情的立场和角度不同，难免会在一些关乎孩子的事情上有不同的看法和做法，产生冲突，家校难以形成合力，进而影响了诸多教育问题的处理和解决。

### 问题情境

**老师，我要和你谈谈**

沟通能增进了解，沟通能更好地合作。学校工作离不开家长的理解和配合，如何与家长沟通，拉近与家长之间的关系，是老师的“必修课”。苏老师一直都知道沟通的重要性，也觉得自己在家校沟通方面做得还算合格，但今天发生的一件事，在家校沟通方面给苏老师上了一课。

晨晨是一个内向、安静的女孩子，在这个刚刚建立的一年级班集体中，文静内敛的她躲在自己的小世界里，并没有得到苏老师太多的关注。然而这天放学的时候，晨晨的妈妈、奶奶突然来到了学校，说想和苏老师“谈谈”。据晨晨妈妈描述，由于苏老师太严厉，晨晨在家哭着不敢来学校了。苏老师一下子愣住了，从教 4 年，虽然不能说自己有多么和蔼可亲，但也从来没有过将学生吓到哭着不敢来上学的经历，再回忆一下这段时间发生的事情，记忆中也确实没有批评过晨晨。苏老师先安抚了家长的情绪，让她们说说具体发生的事情。原来，今天孩子交作业的时候苏老师多次喊她的名字催促她，但孩子其实已经交了。晨晨觉得非常委屈，虽然在学校没有表现出来，但回到家里就一下子“爆发”了。这确实是自己工作的一个失误，苏老师首先向家长道了歉，本以为事情就此告一段落，但是接下来的谈话却陷入了“僵局”。孩子的奶奶激动地表示希望苏老师对孩子能更耐心一些。但苏老师觉得这并不是一件大事，苏老师既没有批评孩子也没有惩罚孩子，如果连这样简单的询问也不行的话，未免有些“过度保护”了，也不利于苏老师管理班级，她们始终没有达成一致，谈话就在这样的“各执已见”中结束了，但问题却远没有结束。

晨晨的奶奶开始担心苏老师会针对孩子，每天都要在家长群里发信息，要求苏老师不要针对小孩，从困扰到愤怒到麻木，苏老师开始不愿意回复晨晨家长的任何信息，可是作为班主任也不能任由事情这样发展下去，苏老师该怎么办呢？

## 情境分析

### 合力·互谅

对于学校的学生而言，学校和家庭是最重要的环境。如果缺失任何一方，我们的教育都是不全面的，学生的心理发展也是不健全的。如果其中一方面薄弱，我们的教育则会产生内耗，造成事倍功半的不良状况。这个案例本来不是一件特别大的事件，但是由于家长和老师之间相互不肯退让，使得事件未能有效处理，并且继续恶化了下去。究其原因，有以下 3 个方面：

**一、家长的过度保护**

很多时候，家校冲突的起因是过度保护，对孩子过度保护、对孩子过度帮助、代替孩子做决定，这样的家长就像直升机一样盘旋在孩子的天空中，随时准备俯冲下来解救孩子于“水深火热”之中，所以有人就给他们取了个形象的绰号——“直升机型”的父母。其实这是一个非常普遍的问题，而且在中国，过度养育是从小开始的，但是大多数家长还没有认识到这种养育方式的危害。过度养育的其中一个表现就是孩子无法接受压力、挫折和误会。就像案例中的这个女孩，因为苏老师以为她的作业没交而催促她，对她造成了误解，在我们看来，这是一件非常小的事情，但由于从小的过度保护，她受不了这样的误解就在家大哭，导致妈妈和奶奶一齐来找苏老师，这是造成这件事情最根本的原因。

## 二、家校沟通的不畅

这件事情从一开始的了解原因到无法达成共识到后来孩子的奶奶每天要在群里发消息，严重影响了老师、影响了其他家长，其原因就是家校沟通不畅。从老师的角度看，学生在学校难免出现一些问题，这些问题大多不受人为控制，老师和家长肯定也都不想出任何事情。一旦出了事，老师当然希望家长能客观地、冷静地对待，和学校站在一条线上，共同商量解决问题的方法，而不是一味地针对老师、针对学校。家长和老师的沟通不畅，导致了奶奶天天在群里发消息要求老师不要针对自己的孩子，对老师对学校来说，影响非常不好。

## 三、孩子自身的原因

这个孩子比较内向，不善于表达自己的情绪和情感也是造成这件事情的一个原因。晨晨的妈妈和奶奶说苏老师太严厉了，但从整个谈话过程中，我们发现孩子口中的严厉就是苏老师多次喊她的名字催促她交作业本，这在我们平时的课堂中是会经常遇见的，学生作业没有完成老师会催促，而且苏老师除了多次催促，并没有其他过激行为。如果当时晨晨能够大胆地跟老师说已经交了，相信这一场风波也能避免。

**案例分享**

### 玻 璃 风 云

走廊里，传来了几个学生的尖叫声，我一听是我们班学生发出的声音，赶紧起身冲向走廊。围观的学生见我来了，便赶紧散去，跑出来看热闹的赶紧溜回教室，讲话的也赶紧闭上了嘴，生怕我一个发火而“殃及了池鱼”。只有一个小男生委屈地、泪眼汪汪地站在碎了一地的玻璃碴边上，惊慌地看着我，怯生生对我说：“老师，玻璃不是我故意弄碎的，是小帆！他刚刚一直和小鹏在玩这扇窗，等我去开窗，才刚碰一下，玻璃就掉了下来。”周围为数不多的几个孩子连连点头说事情就是这样的。原来是小帆和小鹏把窗户玻璃玩松动后，知情不报，等小男生去开窗，结果导致玻璃应声而倒，碎了一地。

看着躺在地上的玻璃残骸，我默默地拿起了电话，请家长来当面聊一聊这件事，并想借这个机会和小帆、小鹏的家长沟通一下他们在学校的表现。小鹏的家长很配合，打完电话没几分钟，就急急忙忙来到了教室。但是我在办公室左等右等，临近放学，才等来了小帆的家长。小帆妈妈来了，首先问我小帆怎么了。正当我开始向小帆妈妈描述刚刚发生的事时，小帆妈妈打断了我的话："老师，有学生受伤吗？"

"这个你放心，没有学生受伤。"

"老师，这件事你说是我家孩子的错呢，我是不能接受的。"她的语气里带着肯定。怎么就这么袒护自己家孩子啊，我在心里默默叹了口气，准备听一听她的想法。"窗户，怎么会只经小孩子摇一摇，开开关关就直接摇下来了呢，这是学校设施不完善的问题啊，赖我家孩子头上，我怎么接受得了？"

"小帆妈妈，你先冷静一下，我把你请来学校呢，肯定是为了解决这件事的。"我起身接了杯温水，递到小帆妈妈面前，"是这样的，学校的玻璃窗呢可能有你说的这种情况，但是我要和你强调的是他知道玻璃窗被自己玩松了，却和小鹏谁也没告诉老师，才导致了这件事情的发生。"听了这话，小帆妈妈若有所思，欲言又止。

"况且本身在教室里玩窗的行为就不当，我当时不在场，在场肯定是要制止的，就像在家，他玩家里的窗，你们家长看到了，肯定也是第一时间去制止，因为觉得危险，所以玩窗这件事肯定要批评的，这个希望你们家长理解。"我停了停，观察了小帆妈妈脸上的表情，小帆妈妈轻轻点了点头："老师啊，这件事，如果我们看到肯定也是会马上制止的。"

"但是老师，我们家小孩在我面前很乖的，一动都不敢动，怎么到了你手里就各种调皮捣蛋？"

我只好微笑看着小帆妈妈："小帆妈妈，其实你应该比我更了解你的孩子，他在家呢，身边就只有爷爷奶奶和你们父母，他哥哥一回到家就一直玩手机。所以其实，他在家是处于一种没有同伴、比较无聊的状态的。你说的一动都不敢动，不知道你是用了什么方法，让他一动都不敢动。如果你愿意的话，也可以和我分享一下经验。”小帆妈妈没有说话，我继续说道：“但到了学校就不一样了，那么多同学，环境的变化性太大了。他在我面前表现出来的调皮捣蛋或者在他同学面前表现出来的这种调皮捣蛋，其实是因为喜欢我，喜欢和同学玩。你看啊，他明知道小鹏要进教室，却把教室门关上了，小鹏要开窗喊人，小帆呢？因为想和他玩，故意把窗关上，不让小鹏开窗，他本身不是为了玩窗，而是想和他喜欢的人一起玩，但是他又不知道该用什么样的正确方法去吸引他人的注意，所以就做出了这些我们看起来调皮捣蛋的行为。今天叫你来呢，其实就是想要和你商量商量，你们在家除了批评他以外，也应该多教他一些和其他小朋友正确相处的方法，学会如何正确地玩，正确地相处。”

小帆妈妈听了我这一番话，起身带着小帆走了，这之后的几天小帆情绪稳定了很多，通过语言吸引我注意的次数也多了。平时呢，也见他经常手里拿副飞行棋和同学下棋，又或者拿本漫画书自己看，慢慢地成了一名品学兼优的孩子。

## 问题 5　放学后的突发情况该如何处理?

放学后，学生离开校园，远离老师，但并不代表老师就可以松一口气，有时学生在校外的突发事件也会让老师和家长措手不及，比如老师已经把学生送到校门口的等候区了，可是家长却没有接到孩子；学生偷偷溜到其他地方去玩不回家，结果受伤了……因此，放学后的突发事件我们也要做好应对。平时就要让学生有放学后的安全意识，如耐心等家长、不随便乱跑等。当真的遇到事情的时候，也要能沉着应对。

### 问题情境

**“失踪”的孩子**

那是在刚开学的第五天，苏老师才刚刚当上班主任，心里还得意扬扬，因为当上了“主任”而感到高兴。

那一天放学的时候，苏老师像往常一样把大部分学生都送出了校门，还剩下少数几个作业没有完成的学生在教室，苏老师辅导他们完成作业。苏老师忙着批改作业，解答学生们的各种问题。有一个小男孩走过来告诉苏老师："老师，老师，我的妈妈给我打电话了，让我上校门口，她来校门口接我了。"苏老师反复确认："你怎么知道妈妈已经到了？"小男孩肯定地回答："刚出我们小区里的小朋友上来告诉我的，说我妈妈让他来叫我的。"苏老师就相信了他让他去了校门口。没想到，只过了一会儿，苏老师在 QQ 上收到一个信息，正是这个孩子的妈妈："苏老师，帮我看一下，我的孩子还在教室吗？今天晚一点来接他。"当看到这条信息的时候，苏老师一下子头皮发麻，这是什么情况呀？这可怎么办呢？孩子没有人来接他，却谎称他的妈妈打电话来接他了，出了校门，这如果出事情了可怎么办？苏老师赶紧打电话跟孩子的妈妈联系，告诉她孩子说妈妈来接他，就让他离开了。男孩的妈妈告诉苏老师，她和孩子的爸爸有点事耽搁了，现在正在来接孩子的路上，而且今天孩子的电话手表都没有带来，是不可能接到爸爸妈妈的电话的，孩子肯定是想自己走回家。苏老师听到这句话更紧张了。

紧接着，苏老师不顾一切冲出教室，校门口的家长学生一大堆，可是唯独没有发现男孩的踪影。沿着男孩平常放学常走的路线寻找，也没有发现孩子。苏老师的心里就好像有一万只蚂蚁在同时咬着。苏老师担心他出了校门之后的安全，按照男孩回家的路线，追了好几条街。一路走一路张望，满头大汗，但还是没有找到。最后只能打电话联系家长，家长那头也没有孩子的音讯。此时，苏老师该怎么办呢？

**情境分析**

## 让孩子回家

失去孩子行踪是件很危险的事情，不管是学校还是家长都有责任，重要的是如何采取措施避免这种情况。在这个案例中，苏老师的学生因为家长晚点来接，谎称父母在校门口等了，结果孩子不见了，苏老师找了半天也找不到孩子，究其原因有以下 3 个方面：

**一、家长的大意**

人的精力有限，大部分家长都要上班、忙于事业，用来教育、照顾孩子的时间以及精力就减少很多，现在小学生放学时间比较早，孩子放学了，家长还没下班，接送孩子就成了问题。这个案例中，孩子的父母确实存在过失，错过了放学时间，接自己的孩子晚了些是可以理解的，毕竟家长们也是要工作、生活的。但是，既然知道今天有事耽搁会晚些接孩子，就应该提前跟班主任取得联系，告知班主任会晚一点来接，这样就不会发生孩子失踪的事件了。过了放学时间，迟迟不来，后来才想起要联系老师，确实是家长的大意。

**二、老师的疏忽**

老师要确保学生在校的安全，做好教育引导工作，时时强调家长没来接的话，不能私自离校。案例中的苏老师因为这个学生跟她说父母已经在门口了。老师虽然确认了，但只是跟孩子确认，如果孩子有意隐瞒，再怎么确认也没有用。所以，苏老师在本次案例中也是存在疏忽的，过于相信孩子的话。其实当孩子跟自己说父母已经在校门口等他的时候，可以通过电话或者短信和家长确认一下，确定家长已经在校门口了再让孩子出去，就可以避免这件事情发生了。虽然可能会耗费那么几分钟打电话的时间，但是孩子的安全能够得到保证，也是值得的。同时，也要做好电话手表的监管工作，一般没有特殊情况是不允许学生将电话手表带到学校来的，学生如有什么事情可以借老师的手机联系家长。

**三、学生的撒谎**

心理学家认为，人们会不自觉地向别人撒谎，有时连想也不想，甚至不承认自己在撒谎。学生说谎是家长和老师最不喜欢的行为之一，也可能会带来很多麻烦甚至灾难。从小我们就听“狼来了”的故事，但说谎仍是学生不良行为中较常见的，本次学生失踪事件最根本的原因是这个孩子撒谎欺骗了老师，才导致了此事件的发生。所以老师在今后的教育工作中，要教育学生做一个诚实的人，说诚实话、做诚信事。

**案例分享**

## 要有爱，更要理智

作为一名身兼语文教学工作的班主任，我会在放学之后留几个学困生，讲一讲课上他们没学透的知识点。记得那是一个周五，我给小林同学辅导完课堂作业已经将近下午6点。送走小林，我想在办公室休息一下再回家，就在这时接到了一个电话，原来是小耀的妈妈。电话那头非常着急，问我小耀是否还在学校。我清楚地记得小耀在下午5点左右做完了作业，然后就离开了学校，看时间无论如何都应该到家了。

听到小耀妈妈近乎失控的语气，我也有些沉不住气。我安慰了小耀妈妈几句，告诉她我这边也抓紧时间找孩子，有消息电话联系。我放下收拾好的东西，急得像热锅上的蚂蚁。但是，我很快就告诉自己，面对这样的情况要冷静。现在还是夏天，下午6点天也并没有黑，说不定孩子在哪里玩忘了告诉父母。

于是，我开始翻通信录，找到平时与小耀交往较多的同学，向他们的家长询问是否知道小耀在哪儿？在没有得到确切消息的情况下，我快速联系了学校的保卫处，然后到门卫室查看了小耀离校时的监控录像。

在录像中，我看到小耀和邻班的一个孩子一起有说有笑地离开了学校，于是我又联系了邻班班主任，把两个人的录像截图发过去，找到了那个孩子家长的联系方式。在拨通电话后，我终于得到了确定的消息，小耀和那个孩子在一起。他们是在兴趣班上认识的，因为住在同一个小区，所以今天放学就结伴回去了。因为另一个孩子只有奶奶在家，所以两个小朋友玩起来忘了时间，也忘了要联系一下小耀的爸妈。

我松了一口气，问清了楼栋和单元房间号，第一时间给小耀父母打去了电话，并告诉他们，孩子就在同一个小区的同学那里。同时，我也告诉小耀妈妈，接到孩子后希望能发信息知会我一声。

然后我就在办公室里等，不一会小耀妈妈发来了视频，视频中小耀跟我说："对不起，让老师担心了。"看着孩子已经找到，我也如释重负，再看时间已经将近傍晚7点。

下周上学后，我又单独找了小耀，告诉她以后要按时回家，如果路上遇到特殊情况不要自己处理，一定要找警察叔叔帮忙，联系爸爸妈妈或者老师，不要让大人着急。小耀说自己下次一定会注意，不让家长和老师担心自己。

经过这次事件，我也总结了经验，并在班会上告诉学生们，无论在上学、放学的路上遇到什么情况，都应该第一时间通知父母或者老师，只有这样才能更好地解决遇到的问题，让老师和家长更放心。而我也深刻认识到，在教育孩子的过程中，既要有爱，也要理智，只有这样才能更从容地应对各种突发情况。

**解决策略**

## 突发应对小秘诀

遇到校园内的突发事件，有以下5个注意点，各位班主任可以参考学习。

**一、沉着冷静，保持心态**

教师一定要沉着冷静，不要因为事件的严重性导致自己变得慌乱，一旦恐慌的情绪传染开来，带来的将是更大的慌乱，处理起来会更加困难。只有自己先冷静下来，才能有条理地进行下一步处理。学生也会因为你的临危不惧而感到些许心安，给遇事学生带来心理上的安慰。

**二、把握事件性质**

班级里出现突发事件，教师要迅速了解事件的性质，了解该突发事件是需要立马处理的还是可以暂缓一下处理。当事件对学生造成了人身伤害，涉及学生的生命安全时，必须第一时间处理，该立刻送医院的立刻送医院，在送医的途中，迅速联系事件相关的家长和学校领导。当突发事件没有对学生造成人身、生命伤害时，比如课堂上出现的老师与学生间的言语冲突，老师要冷静下来，让事件冷一下，同时也不影响其他学生上课。

**三、弄清原委**

弄清楚突发事件的原委对于有效处理突发事件是至关重要的。那么如何弄清楚事件的原委？首先我们应从突发事件的主要人物身上入手，找一个安静的比较私密的空间与学生交谈。交谈的过程当中，老师不要过多地表达自己对这件事的观点、意见和想法，要让学生充分地把事件发生的原因、过程讲述清楚。如果该突发事件涉及多名同学，那就要一个一个进行交流，切记不要将涉事学生全部召集在一起谈话，以免造成混乱，更加无法弄清楚事件的过程。其次，找到目击学生进行侧面了解，单独地进行交谈，让学生把自己真实见到的情况讲述出来。

**四、积极处理**

了解完事情的原委后，班主任老师要配合完成事件的处理，根据事件的严重程度，必要的时候要联系双方家长坐下来面谈，共同商议如何来解决这件事情。当班主任自己无法解决事件的时候，一定要寻求学校德育处、校长室的帮助，由学校出面来协调。

**五、后续处理，加强教育**

突发事件处理完之后，并不代表所有事情都结束了，我们还要从事情本身出发，来看看自己在班级管理工作中出现的纰漏，并以此为鉴，补足自己在班级管理上的不足。同时，可以开展相关的主题班会，规范学生的在校行为。

以上是班主任遇到突发事件，特别是意外伤害事故时，可以进行的操作。学生伤害事故也有一些既定的处理程序，可以很快地告诉你遇到学生意外伤害事故该如何去做。

**一、及时救治**

学生在校内发生伤害事故后，教师首先要尽快救助受伤害的学生，发生特别严重的伤害事故，要在第一时间拨打 120 进行急救。同时通过学生或其他教职员工迅速向科教处、校长室汇报。

如学生受伤严重，需要及时送往医院救治的，要以最快的速度把受伤的学生送往医院救治，班主任或其他相关教师陪同。

**二、及时联系家长或监护人**

事故发生后，班主任或学校科教处必须及时与家长取得联系，尤其是需要送往医院救治的学生，学校须在第一时间通知到家长或其他监护人，简要告诉其学生的伤情，同时让家长或其他监护人及时赶到医院。学校老师在学生家长到医院并向家长说明救治情况后，才能离开。

### 三、弄清原委

事故发生后的最短时间内，学校科教处、校长室要向相关学生和教师了解事情发生的经过，弄清事情原委。

### 四、及时上报

如学校为责任方，学校要及时向区教育局汇报伤害事故情况，并递交书面材料。如果事情紧急，可以先作口头汇报，然后再递交书面材料。尤其是重大伤害事故，学校必须在30分钟内上报，上报的内容包括伤害事故学生姓名、班级、伤情、事故经过和学校的处理意见等。

### 五、做好保险理赔

班主任协同总务处，根据学生伤害事故发生的情况，及时做好各项保险理赔工作。若涉及学校责任的，要及时与保险公司联系，以争取学校意外伤害保险及校方责任险的理赔。校方所垫付的费用由班主任在事后积极配合领导小组收集好所有费用清单，上报给学校事故处理小组的负责人，同时告知相关家长。所出费用由相关责任人的监护人及肇事者或者相应的法律责任人承担。

### 六、做好安抚工作

班主任要做好受伤害学生和家长的安抚工作。在事故发生后和学生接受治疗期间，班主任一般要上门家访或去医院进行探望，必要时年级组长、学校分管领导可以一起参与，向家长说明事故发生的原因，听取家长对受害学生的学业、后续治疗、治疗费用等方面的设想和意见。班主任要及时将家长的意见和想法向学校学生伤害事故处理小组反馈。

# 第八章　班主任的研究与表达

班主任工作是一种专门的职业，班主任应当成为具有专业知识、专业技能、专业道德的专业工作者。班主任岗位是具有较高素质和人格要求的重要专业性岗位。班主任专业化，既是一个奋斗目标，更是一种精神追求；班主任专业发展，既需要外在支持和外力推进，更需要内在自觉和自主发展。班主任的研究与表达是促进班主任发展的有效路径和方法。从实践中培养能力，从实践中获得成功。在学校，广大青年教师是班主任工作的主力，这是学校实际工作的需要，也是青年教师成长的必由之路。新时期的班主任必须是一个研究者，是一个具有问题意识和独立开展教育研究能力的研究性教师。班主任学会研究与表达应该成为自身发展的一种需求。

## 问题1　班主任如何“破”阅读“瓶颈”？

班主任在平时的教育教学过程中，更多的是实践，但是这些实践中往往“深藏”着很多学生的“成长秘密”，班主任要善于积累这些实践经验，但如果要将这些实践加以提炼、总结，班主任就必须加强自身的理论学习，提高阅读能力，不断提升自己的学术涵养，而不仅仅停留在“实践”上，要学会思考。但面对如今高强度、高压力的工作，班主任如何能够在繁忙工作之余“挤”出时间进行阅读呢？如何“破”阅读的“瓶颈”呢？

## 问题情境

### 阅读"瓶颈"

苏老师是一个工作了 8 年的数学老师、班主任老师，自学校毕业出来，踏上工作岗位至今已有 10 个年头了，其中有 5 年担任班主任工作。在刚开始担任班主任的时候，她觉得自己有很多事情不懂，还会在工作之余借阅一些书籍来阅读、学习。但是，在这 10 年的工作生活中，自从有了家庭，有了孩子后，她总感觉自己很多的精力都用在了班级管理上、用在了学生身上、用在了家庭和孩子身上，每一天都特别累，有时候想要学习都没有时间，没有精力。每个假期学校里面都有阅读学习的要求，苏老师也觉得自己根本没有时间，只是草草翻阅，对于学校布置的阅读作业也只是应付性地敷衍了事，完成任务而已。而随着时间的推移，她在带班的过程中越发觉得自己似乎用得更多的招数就是一个字——"凶"，而自己带的那几届学生，似乎还挺吃这一套的，也许是名声在外，苏老师班里的孩子们，似乎从学长学姐那里早已了解到苏老师不好"惹"、苏老师出了名的"凶"，所以她班里的学生似乎都挺"乖"的。这也让苏老师一直觉得这招挺管用的，准备就这么带班下去，而且也不觉得有什么不妥的。

但是，随着带班学生年龄的增长，一届届学生越来越难"带"了，仅凭着一个"凶"，很多时候没法"搞定"学生、班级。这些都让苏老师感到困惑不已。同时，随着社会学校对教师的要求越来越高，各种骨干晋升、职称评定等，苏老师对照着各评委条件时，才发现这些年自己已经"脱节"太多了，除了做好日常工作以外，每一天都是"按部就班"，似乎都没有时间让自己停下脚步来想自己的工作，更不用说阅读了。

苏老师越发觉得自己的工作进入了一个"瓶颈期"，越发觉得自己除了工作以外，不阅读已经太久了，回想上一次好好地用心静心去阅读一本书应该追溯到 5 年前了，换句话说，在这 5 年中苏老师都没有腾出一点时间好好地阅读一本书了。面对自己的阅读"瓶颈"，该如何破解，苏老师很是焦虑。

## 情境分析

### 阅读，想说爱你不容易

一个班主任的专业智慧从哪里来？从自身的带班实践中来，从阅读中来，从思考中来，更要从写作中来。而阅读，因为其自身更注重教师的主动性，因其对教师自身对阅读的兴趣、爱好的要求更高而显得更为艰难。在苏老师的焦虑中，我们不难理解她的难处，更看到了目前令人担忧的教师阅读现状。

**一、没有时间**

现在的教师所面对的工作任务确实很重，尤其是班主任，工作繁忙、烦琐，除了日常的学校教育教学工作以外，还有很多琐事占据了班主任大量的时间。有人曾经跟踪拍摄过班主任的一天，早读课、上课、批阅作业、跟家长沟通、处理学生矛盾……从早忙到晚，甚至有的时候连午饭都没有时间去吃。在这样的工作实况下，班主任往往觉得自己根本没有时间阅读。

**二、没有精力**

很多班主任，在工作中确实会遇到很多难处，除了要面对日常教学任务的压力外，还要面对班级学生的各种问题，如班级里学生发生意外事件、学生之间发生激烈“冲突”、家长来校、来自学校的各种表格材料填写……这些工作，往往会占用班主任很大的精力，当班主任歇下来的时候，往往觉得很疲惫，而且如果班主任已经成家，有了孩子，那精力就更有限了。在这种情况下，精力很大一部分被“消耗”，很难静下心来阅读。

**三、没有动力**

阅读是一个人的自发行为，如果班主任老师自身没有强烈的阅读欲望的话，是很难坚持阅读的。而班主任面对重重压力，面对各种挑战，很多时候即使之前有一点阅读热情，也会因为时间、精力等原因而慢慢地消失殆尽，失去对阅读的兴趣、热情，换句话来说，就是没有坚持阅读的动力。在这样的情况下，让班主任爱上阅读真的很难。

## 解决策略

### 让阅读如呼吸般自然

“生活里没有书籍就好像没有阳光，智慧里没有书籍就好像鸟儿没有翅膀。”莎翁借助这样诗意的语言劝告世人要懂得阅读。作为一个普通人应该热爱阅读，作为教师——知识的传播者，更应该意识到阅读的重要性。

**一、养成阅读的习惯**

阅读应该成为一种习惯。很多时候，我们也知道要阅读，要不断地充电。阅读是一种很好的学习，所谓“腹有诗书气自华”，我们自然知道阅读对于我们的重要性。但是纵观现在教师的工作学习现状，我们不难发现，现在很多老师的阅读现状堪忧。老师们平时忙于工作、忙于家庭，根本没有时间静下心来阅读；有的老师到要写文章了，然后匆匆忙忙去借几本书翻阅一下，借鉴一些书里的东西；还有的老师，觉得阅读太累了，有这个时间还不如刷个抖音放松一下……究其原因其实就是没有养成阅读的习惯。阅读对于每一个教师来说，应该如呼吸般自然，要有阅读的目标，每天坚持阅读，持之以恒，排除一切干扰，让阅读就像呼吸那么自然，让阅读成为自己的一种习惯。

**二、利用碎片化时间**

我们经常会听到很多老师说：“我也想静下心来读读书，但是没有时间呀，每次刚捧上书，一会儿又有什么事情了，赶紧放下书去干活了……”现在教师的工作强度确实很大，尤其是班主任，很多的事情往往忙得不可开交，甚至恨不得自己有“三头六臂”。教师定时定点地阅读确实有点难，但是，可以利用碎片化的时间阅读，只要有闲暇时间，就可以阅读，“见缝插针”地阅读，每天如果能够利用半小时的碎片化时间阅读，一年下来也是了不起的阅读量了。所以面对平时工作的繁忙，班主任要学会“挤时间”，时间如海绵里的水，挤挤就有了，我们要学会利用碎片化时间，“挤”出时间进行阅读。

**三、学会做阅读笔记**

很多时候，我们的阅读仅仅停留在读上面，如果能够做点读书笔记、读书批注等，会让你更有阅读的动力，因为这个过程有你自己的思考在里面，而这些思考又会反过来促使你进一步阅读，会让阅读变得更加有吸引力，也会让你更好地保持对阅读的激情，这一点非常重要。

**四、以写促思重积累**

窦桂梅老师说：以写促思——写作不仅是积累经验的一种方式，更是逼迫自己勤于阅读和思考的强劲动力。阅读过程中自己的点滴感悟要及时地写下来，哪怕只是一个很简单的梗概，哪怕只是书中给你启发的某一句话，都要及时写下来，要注重平时阅读中的积累，每阅读一次就积累一点，这样时间越长，积累的东西就越多，就越能促使自己去阅读，慢慢就形成了阅读的良性循环。

**五、寻找阅读的伙伴**

有的时候一个人走会比较累，还容易放弃，那么不妨在自己的阅读路上寻找一个阅读伙伴，和伙伴们一起阅读，相互督促、交流，共同行走在阅读之路上。这个伙伴可以是自己的孩子，陪伴孩子阅读、做孩子阅读的榜样，也督促自己阅读，也可谓“一箭双雕”“两全其美”；当然这个伙伴也可以是自己志同道合的好朋友，约着一起读书、聊书，以书会友，相互督促，一起享受阅读的快乐。

让阅读如呼吸般自然，让阅读成为自己生命中不可或缺的一部分。

## 问题2 班主任如何做课题研究?

苏霍姆林斯基说过，如果你想让教师的劳动能够给教师一些乐趣，使天天上课不致变成一种单调乏味的义务，那你就应当引导每一个班主任教师走上从事研究的这条幸福道路上来。班主任在做研究的时候，做课题研究是一种很好的方法。所谓课题，指要研究、解决的问题。这也是当前班主任开展研究十分有效的途径与载体。那么，班主任又该如何进行、开展课题研究呢?

### 问题情境

## 又到一年“课题季”

这几天，苏老师总是愁眉苦脸的。因为他看到群里领导发的课题申报情况，这是他的一个痛。苏老师是一个数学男老师，担任班主任工作已经 4 年了，工作以来苏老师也一直非常努力，非常认真。作为一名新教师，苏老师知道自己必须努力前行。学校也给了他很多展示自己的平台，但是，随着教师骨干晋升等要求的提升，其中有一个独立承担课题的要求，苏老师看了文件，也尝试着报了课题，但是没有通过，这让苏老师很是懊恼。

又到了一年“课题季”，苏老师看到又要报课题了，内心很烦，想要报但又不知道怎么报，不知道课题到底要研究什么内容，怎么做课题。他不知道作为一个班主任，应如何进行课题研究。再加上之前的失败经历，让他更加没有信心去做课题。他觉得自己就像无头的苍蝇，不知道该往哪里去，也不知道该从哪里入手，觉得很混乱。看着群里课题上报的时间越来越近，苏老师也越来越焦虑，不知道该怎么办，内心陷入了矛盾，不报吧，好像也挺辜负自己之前的努力的，报吧又不知如何下手……这一切都让苏老师一筹莫展。

### 情境分析

## 课题来源于问题

在平时的工作学习中，对于一线的班主任老师来说，课题确实是比较陌生的，这种陌生主要体现在对课题的认识上。

**一、对课题缺乏认识**

课题指研究或讨论的主要问题或亟待解决的重大事项，具有针对性、超前性、系统性和整体性的特征。课题的针对性很强，是以问题为中心，重在解决问题的一种项目。课题立项具有超前性，更多或主要针对待解决的问题进行立项研究，在问题没有解决之前可进行课题立项，通过学习和实践进行探究，以求解决问题。而我们很多的班主任对于课题并不是很清楚，对它的认知不够，往往会陷入“闭门造车”的困境之中，就容易出现像苏老师这样的困惑。

**二、对问题缺少思考**

在平时的教育教学工作中，很多班主任更多的是去做、去实践，却很少停下脚步思考自己遇到的各种问题。殊不知，课题研究主要是从问题出发的，对问题有鲜明的针对性，而如果班主任对自己平时遇到的各种教育教学问题没有一双善于发现的眼睛，没有做有心人的准备，同时又不善于思考。那么，对课题就会一筹莫展，因为课题指向于问题，来源于问题，若没有对问题有所积累、思考，自然很难去提出课题，更不用说进行课题研究了。

**解决策略**

## 课题：问题的聚焦与设计

课题是以问题为导向，针对性更强，指向班主任工作的方方面面，日常教育教学中的各种问题，都可以成为班主任课题研究的内容。所以作为班主任要学会从问题出发，积累课题研究的素材，从中选取普遍性问题作为自己的课题研究内容。

**一、用心观察日常生活**

班主任平时虽然工作很繁忙，但是对于周围的一切事物、现象等都要有敏锐的感知，要学会用一双善于发现的眼睛去观察日常教学生活，去留意身边的事、身边的学生、身边的现象等，并做好记录。对一些看似平常的问题，班主任要学会把它们记录在自己的“观察日记表”上，积累自己的课题问题素材。

（一）关键事件

班主任的工作，有其自身的特点，既需理论又需实践。班主任在带班的过程中，可以将一些重要的事件整理、记录、解析、重构……这些都可以成为班主任课题研究的内容，再从中进行总结、提炼、反思，发现“问题”。

（二）学生问题

班主任在带班、育人的工作中，会遇到各种各样的学生，学生在集体生活中会遇到各种问题，而这些来自学生的问题也是班主任课题研究的内容之一，因为班主任肩负“教书育人”的天职。学生是班主任课题研究的源泉。学生的问题，只要班主任平时善于去观察、思考，就可以寻找到很多的突破口，为自己的课题研究积累素材。

（三）问题学生

班主任是学生的“人生导师”，在带班的过程中每一个学生都是独一无二的存在，他们来自不同的家庭，各有各的性格、特点等，而在他们成长的过程中，也会有各种问题出现，这些“问题学生”也可以是班主任课题研究的内容。班主任要对学生的身心健康成长负责，要关注每一名学生的成长和发展，要深入细致做好每一个学生的思想工作。

（四）班级问题

班主任是班级工作的组织者、班集体建设的指导者，在自身带班的过程中，班级里的各种问题，都会成为班主任工作上的宝贵财富，这时候班主任可以将这些班级问题作为自己课题研究的内容，把这些成果呈现出来，既可以为自己今后的班主任工作提供重要参考，也会对日后的带班有所帮助，让自己少走弯路，更好地胜任班主任工作。

（五）儿童成长规律

班主任每一次带班，接触最多的就是学生，所以学生是我们研究的“源泉”。每一个儿童都有自己的成长规律，而整个班级的儿童成长又具有共同的规律，这些都可以成为班主任课题研究的内容。班主任可以以此为素材，发现更多儿童成长的“秘密”。

**二、学会讨论辨析问题**

在积累问题素材的基础上，可以对这些共性问题加以筛选，提出更有意义与价值的问题，作为自己的课题研究方向与内容。

（一）自我反思

班主任在平时积累问题素材的过程中，很重要的一点是要学会自我反思，从这些问题中思考自己的成败得失，结合自己的实践，进行相关的理论学习。

（二）归纳整理

班主任观察到的问题素材，不是积累下来就可以了，因为日常观察所得的素材是比较琐碎的、不全面的，需要班主任把这些观察到的问题、现象等归类、整理、汇总统计，并做好记录。

（三）提炼筛选

归纳整理的过程对班主任来说也是一个思考的过程，这些日常观察到的各种问题，在归纳整理的基础上，会逐渐清晰起来，这时候，班主任需要“火眼金睛”，要学会从中提炼、筛选出具有研究价值的问题。因为有些问题可能只存在于个别学生中，需要班主任个别解决；还有的问题可能只是一时性的，过了这个时间，问题就不会存在了……班主任要在这些归纳整理的问题中，提炼、发现、筛选出有研究价值、意义的问题，作为自己课题研究的内容。这是一个艰难而艰巨的过程。

（四）确定内容

每一个班主任都是一个独立的个体，看待问题都有自己的独特视角，有自己的观察，有自己的发现。虽然问题是课题的源泉，但并不代表有了问题就可以成为课题了，还需要一个“转化”的过程。也就是说，问题给我们提供了课题研究的方向以及初步的内容，但是班主任还需要去发现这些问题背后的教育价值、意义，从而提炼出课题，即把“问题”转化为“课题”。

## 问题3 班主任如何写作？

实践—反思—再实践—再反思—寻找问题解决的答案，是做好班主任的前提。写作的过程就是不断思考完善的过程。教育写作是促进班主任专业发展的一条路径。可如今在我们身边看到的更多的是班主任无心、也无力进行写作。面对繁重的工作、烦琐的事情，班主任如何在其中寻找到“突破口”？如何能够在“夹缝”中发现、寻找写作的“契机”呢？如何能够在忙碌中给自己的心灵寻找到一片属于自己的“倾诉天地”呢？

### 问题情境

## 是谁动了教师的“写作奶酪”

苏老师是一位工作了3个年头的老师，担任班主任工作两年，同时还是两个班级的英语老师，这样的工作量常常使她忙得不可开交。作为一名新教师，苏老师也是非常努力的，平时在工作之余也会经常写写日志、小随笔，每次面对学校的写作任务、征文比赛也都积极参加，但是一直没有什么收获。时间一长，有时候看到周围的老师们什么都不写也一样很好，每到学期末要上交论文时，有的老师改个题目继续上交，甚至还有的老师在办公室里大言不惭地说：“这篇论文自己交了好几年了，年年都是这一篇，高兴时改个题目再交，有时候甚至连题目都懒得改，就这么原封不动上交了，也没啥……”

不仅如此，苏老师还经常会听到身边的老师说：“班级取得好成绩才是真的，至于写东西，都是虚的，我们都是实在人，不玩这些虚的……”也许是受周围老师们的影响，也许是因为苏老师真的很忙，日子就在每一天的周而复始中过去了。作为新教师，需要考核，这时候苏老师觉得自己已经很久没有写东西了，坐在电脑前总是无从下笔，有时候半天也敲不出一个字来，这让苏老师很是焦虑。她也不知道自己怎么了，脑袋里空空的，不知道要写什么，她也不知道是谁偷走了她的“写作奶酪”。

### 情境分析

## 学做“有心人”

苏老师困惑、焦虑，最主要的是她没有做生活中的“有心人”，没有写作的欲望、主动性，同时受到周围一些懒散风气的影响，如果苏老师能够在平时做一个有心人，相信她的“写作奶酪”就会回到她的身边。而作为一名班主任，更要做“有心人”。

### 一、用心观察生活，积累丰富素材

班主任进行研究与表达，需要用心观察生活、观察学生、观察班级现象，积累自己丰富的表达素材，并从中能够寻找共性、发现不同、反思成败。在这个过程中，把自己的研究与发现通过文字、视频、图画等不同形式，将丰富的素材积累下来。

**二、加强理论学习，提升学术涵养**

班主任在平时更多的是需要实践，这些实践中往往“深藏”着很多的“成长秘密”，班主任要善于积累这些实践的经验，但如果想要将这些实践加以提炼、总结，班主任就必须加强自身的理论学习，不断提升自己的学术涵养，而不只是停留在“实践”，更多的是要学会思考。

**三、注重实践反思，勇于剖析自己**

班主任在实践中要学会提炼有价值的个体经验、善于总结个体经验，要注重对实践的反思，要有勇气剖析自己，剖析自身的问题，并且进行研究与表达。

**案例分享**

## 我的“流水账”

苏老师是一个年轻的班主任，到现在为止当了 3 年班主任，但是在这 3 年的班主任经历中，她写下了厚厚的两本“流水账”，并且已有 10 多篇文章在各级杂志上发表，这对于一个年轻的、教龄只有 3 年的班主任来说是很不容易的，在让人佩服之余，大家很好奇她是怎么做到的，在班主任工作如此繁忙的情况下，她是怎么完成这些的？

每每有人对此感到好奇的时候，苏老师总是不好意思地说：“我就是记‘流水账’……”原来，苏老师平时有一个习惯，她每天都会把自己从早到晚做了些什么记下来，用苏老师自己幽默的语言来说就是“用勤奋的自己监督懒惰的自己”，因为平时工作忙碌，没有时间去细细思考，所以只是记录下来而已，也就是所谓的记“流水账”。一开始，苏老师只是为了提醒自己或是督促自己把事情做得更好。余秋雨曾说：“生命的状态有时会很混乱，但写作以后，梳理以后，你的生命比之前更漂亮了，更美丽了。”苏老师觉得自己的生活更有条理了。一个星期下来翻翻那“账本”，总会让她小有成就感，回想起自己原来做了这么多事。同时，也让她思考还有哪些事没来得及做，写入下一周的计划中，生命在周而复始的循环中不断得到升华。

每隔一段时间，苏老师就会抽一个时间给自己放空，翻阅自己的“流水账”，认真地思考，发现一些自己很有感触的点，并及时地把它写下来，因为这些都是苏老师自己的实践，写作对于苏老师来说并不难，把自己的日常教育以随笔的方式写出来，给自己留下一笔宝贵的精神财富，这就是一种积累。

**解决策略**

## 让写作成为一种习惯

教育写作促进班主任自我反思，通过文字的形式记录这些经验、梳理遗憾，促进班主任自我反思，改进工作方式、方法，促进自我成长。班主任的教学技巧与写作相互促进，有利于写出更多的文章，而写出有质量的教育论文，必然要不断丰富班主任的教学技巧。这是个促进班主任自我反思的过程，也是促进班主任不断丰富自己工作技巧、方法的过程。教育写作能够提升班主任的职业幸福感，通过写作，能让班主任的步伐更为扎实、稳定。写作应该成为班主任工作的一种习惯。

### 一、撰写教育日志

教育日志具有多种形式：反思性日志、备忘录式日志；随机式日志、专题式日志、跟踪式日志。教育日志更像是一种应用文，每天记录实践内容，保留教育生活的原貌，通常使用完整、直白的行文风格。教育日志是研究成果的理想表达形式。班主任在撰写、分析教育日志的过程中，可以总结出一些共性的东西，把这些共性的实践内容提炼出来后，班主任自己信奉的工作主张、遵循的工作原则等职业个性就建构起来了。

### 二、撰写教育随笔

以真实的教育生活为素材，在教育随笔写作中倾听自我，努力倾听心灵的回音，做自己精神上的密友，是一条有效的路径。其思想性更强，主题突出，结构更完整。

（一）定格每一个教育瞬间

在班主任工作中，定格、聚焦工作中的教育瞬间，来一个慢镜头回放，让其间的一言一行，都在脑海里浮现。

（二）反思每一种教育行为

在定格的教育瞬间中，反思自己言行中折射出的教育思想、带来的启迪和警示、可以做的弥补等。在这个过程中，教育思想逐渐清晰明了，教育行为倾向科学艺术，教育效果更为温暖，教育信念越发坚定。

（三）倾吐每一份思想情感

立足实践，紧扣某个情或理，在真情实感中抒发独特个性，在真见识中荡涤思想，手随心动。

**三、撰写教育论文**

实践—反思—再实践—再反思—寻找问题解决的答案，是做好班主任的前提。写作的过程就是不断思考完善的过程。教育写作是促进班主任专业发展的一条路径。

**四、进行案例复盘**

班主任还可以撰写教育案例分析，也就是围绕一定的教育目的，把自己在教育教学实践过程中的真实情景加以典型化处理，形成可以帮助学习者思考分析和决断的案例。案例分析是班主任专业成长的阶梯，是理论联系实际的桥梁，也是班主任对真实情景的再次复盘。班主任通过分析真实教育情境，面对不确定的、复杂多变的教育情境使自己的决策判断或两难困惑再次得到思考、复盘，以此促进自己对实践的反思并形成成长的智慧。这种写作不仅是帮助班主任解决现实问题的利器，也是班主任专业化成长的有效方式。